Vorwort.

———

Die deutsche Philosophie hat ihre Sendung erfüllt, sie hat uns in alle Wahrheit geführt. Jetzt müssen wir Brücken schlagen, die wieder vom Himmel zur Erde füh=ren. — Was in der Trennung bleibt, die Wahrheit selbst, wenn sie in ihrer hohen Abgeschiedenheit verharrt, wird unwahr. Wie die Wirklichkeit, die nicht von der Wahrheit durchdrungen, eben so ist auch die Wahrheit, die nicht verwirklicht wird, eine schlechte.

Die unmittelbare Beziehung der Philosophie zum Leben hervorzuheben, konnte bis jetzt nur nach einer Seite hin, nur in der Religion, und auch hier nicht vollständig gelingen; denn das letzte Stadium der deutschen Philo=sophie, die „linke Seite" der Hegel'schen Schule, hat´es nur bis zur Geistesfreiheit gebracht; aber diese letzte

Ausbeute der deutschen Philosophie ist doch nur das Erste, das Principium des modernen Lebens. — Im Leben erblicken wir bereits eine reiche Entfaltung dieses Princips; die Philosophie ist hinter dem Leben zurückgeblieben. Versuchen wir es, dasselbe wieder einzuholen und ihm, wo möglich, einen Vorsprung abzugewinnen.

Der Verfasser.

Einleitung.

— „Mir hilft der Geist! Auf einmal find ich Rath
Und schreib getrost: Am Anfang war die That!"
Göthe.

———

Inhalt.

Wir treten in eine neue Welt, in die Welt der absoluten Geistesthat. Das Alterthum war die Welt der unmittelbaren oder objectiven Geistesthat; in ihr war das Geistige vom Natürlichen noch nicht unterschieden. Im Alterthum war der Geist unmittelbar nach Außen schaffend. Im Mittelalter dagegen wurde diese Unmittelbarkeit und Natürlichkeit des Thuns zurückgenommen in die Innerlichkeit des Denkens. Das Mittelalter ist die Vermittlung des Geistes und der Natur. Der Geist zieht sich in sich zurück, das Object wird Subject, die That wird subjective Geistesthat „Denken". Im Mittelalter ist der Geist nicht mehr nach Außen, sondern nach Innen schaffend; er kommt dadurch zum Unterschiede von seinem objectiven Leben, aber nur um eben in diesem Unterschiede von ihm die bewußte, absolute Einheit von Denken und Sein zu erringen. Das Absolute, welches eben so sehr Object als Subject ist, ist die Spinoza'sche Substanz. An sich hat daher die absolute Geistesthat schon mit Spinoza begonnen, aber sie mußte, um auch für sich das zu werden, was sie an sich, — d. h. um nicht nur absolute Geistesthat zu sein, sondern

1*

es auch mit Bewußtſein zu ſein, — ihren Inhalt frei aus ſich
entlaſſen. So entſtand auf der einen Seite die Naturphilo=
ſophie, welcher die antike Unmittelbarkeit zu Grunde liegt. Die
deutſche Naturphiloſophie iſt nicht die unmittelbare That ſelber,
ſondern das ſpeculative Bewußtſein dieſer Unmittelbarkeit, — wäh=
rend auf der andern Seite die deutſche Geiſtesphiloſophie das
ſpeculative Wiſſen der Vermittlung iſt. So hat ſich die abſolute
Geiſtesthat, wie jedes Ding an ſich, durch ihr Fürſichwerden in
der deutſchen Philoſophie — durch dieſen Genuß vom Baume
der Erkenntniß — mit ſich ſelber entzweit. Die deutſche Philo=
ſophie nimmt in der abſoluten Geiſtesthat dieſelbe Stelle ein,
welche die mittelalterliche Beſchaulichkeit in der Geſchichte über=
haupt einnimmt: ſie iſt der Vermittlungsproceß der That, ihr Selbſt=
bewußtwerden. — Wie aber die ſubjective Geiſtesthat in der Ge=
ſchichte der Menſchheit, ſo wird auch der Vermittlungsproceß der
abſoluten Geiſtesthat, die deutſche Philoſophie, am Ende durch
ihre eigene Logik zu Grunde gerichtet. Indem ſie ſich in ſich ver=
tieft, begreift ſie ſich am Ende als die abſolute Einheit aller Un=
terſchiede, womit die Vermittlung nothwendig aufhören und die
That wieder beginnen muß. — Wenn nichts deſtoweniger, nach=
dem die Zerfallenheit des Geiſtes durch den Hegelianismus über=
wunden iſt, dieſer letztere ſich noch nicht zur Ruhe begeben und
jene That nicht aufkommen laſſen möchte, welche die abſolute Idee
wohl zur Grundlage, aber nicht zum Ziele hat; wenn vielmehr
am Ende der deutſchen Philoſophie noch immer, wie am Anfange
der ſubjectiven Geiſtesthat, die Idee, der Begriff, der λόγος als
das Alpha und Omega jeder That angeſehen wird, während der
λόγος doch wirklich nur das Mittlere iſt: ſo beweiſt das, wie ſehr
die Philoſophie, die ſich eine abſolute nennt, mit denſelben Schwä=
chen behaftet iſt, die ſie andern Manifeſtationen des Geiſtes vor=
wirft. Als abſolute würde die Hegel'ſche Philoſophie in der
ſubſtantiellen That keine Entäußerung ihrer ſelbſt erblicken. Weil

aber diese Philosophie nur die höchste Manifestation des denkenden Geistes ist, glaubt sie in der Substanz sich selber zu verlieren, und wird es nie zugeben, daß das absolute Subject oder die subjective Geistesthat innerhalb der absoluten überschritten werden könne.

Die absolute Geistesthat hat die subjective, die Innerlichkeit des Denkens und deren wissenschaftliche Vollendung, den absoluten Idealismus, hinter sich. Hegel hat die subjective Geistesthat innerhalb der absoluten zum Abschluß gebracht; er ist der Schlußstein des Fundaments der Philosophie der That, welche demnach die Hegel'sche Geistesphilosophie ebenso, wie diese die Schelling'sche Naturphilosophie, und wie diese letztere wiederum den Spinozismus zur Voraussetzung und Grundlage hat. Dieses kann nicht ohne Widerspruch von Seiten des Hegelianismus hingenommen werden. So wie wir über ihn hinaus zu bauen streben, wird er umgekehrt bemüht sein, diesen Ueberbau zu einer bereits überwundenen Stufe herabzusetzen. So wenig wir aber diese Polemik vornehm zurückweisen wollen, eben so wenig werden wir uns durch sie zu einem Unrechte gegen den Hegelianismus verleiten lassen. Der absolute Idealismus, sagt der geistvolle Cieszkowski*) — und er meint damit die absolute Geistesphilosophie Georg Wilhelm Friedrich Hegel's — „der absolute Idealismus hat das Höchste erreicht, was die Philosophie zu leisten vermag, und wenn an ihm etwas mangelhaft ist, so ist es nur die Philosophie selber, die Beschränktheit der philosophischen Sphäre. Diese Beschränktheit ist darin zu setzen, daß die Philosophie überhaupt das seinem Begriffe nach unendlich concrete und thätige Allgemeine, den Geist, in übersinnlich abstracter Form zum Gegenstande macht" u. s. w. — Der hohe Standpunkt Hegel's kann in der That von Niemand mehr, als von uns anerkannt werden; denn wir halten

---

*) Prolegomena zur Historiosophie, von August von Cieszkowski (Berlin 1838, bei Veit und Comp.), S. 124 ff.

ihn für den absolut höchsten der Geistesphilosophie. Wie aber
Leben mehr, als Philosophiren, so ist die absolute Geistesthat mehr,
als die absolute Geistesphilosophie. Der Hegelianismus umfaßt
das ganze Gebiet des Denkens, vom phänomenologischen und
logischen, bis zum absoluten Wissen; er ist nur dann im Irrthum,
wenn er glaubt, mehr als absolute Geistes-Philosophie zu sein,
oder daß er schon als solche eo ipso auch die That umfasse.
Zu diesem Irrthum verführt Hegel weniger durch den Inhalt seiner Philosophie, die sich ja selber überall nur für die Bewegung
der Substanz zum Subjecte ausgiebt, als durch die Eintheilung
seines Systems, welche eine ihrem Inhalte unangemessene ist.
Hegel hat sein System in Logik, Philosophie der Natur und Philosophie des Geistes eingetheilt. Diese drei Haupttheile werden
sodann in viele Unterabtheilungen gebracht. Wie systematisch
Alles dieses auch scheint, so steckt doch viel Eitelkeit und Willkür
dahinter. Das Gepränge der Vielgliedrigkeit imponirt; das viele
Eintheilen und Classificiren ist eine Gelehrteneitelkeit, wodurch
nur zu oft die dem Objecte entsprechende Gliederung verfehlt wird.
So will uns denn der Hegelianer einreden, sein System umfasse
Alles nicht nur idealiter, sondern es treibe auch zur Realisirung
der Idee. Dieses aber ist ein Irrthum. Der Hegelianismus ist
als „die Wissenschaft der Vernunft, insofern diese ihrer selbst als
alles Seins sich bewußt wird,“ sich selber genug. Freilich ist diese
Selbstgenügsamkeit keine eitle, sie ist eine Folge der Vollendung
des Systems; die Hegel'sche Idee ist die concreteste, — aber sie
bleibt doch immer nur Idee. Welchen Theil des Hegel'schen
Systems man auch betrachtet, überall findet man die Idee als
das Erste und Letzte. Das Hegel'sche System beginnt mit der
Logik. Das Erste ist dem Hegelianismus nicht die reine Gottes-
natur, und das Letzte ist ihm nicht die bewußte That des Weltgeistes, sondern das Denken allein ist ihm das Letzte, wie das
Erste, freilich nicht in dem Sinne, daß hier noch das Subject vom

Object getrennt erschiene, nein, es ist das absolute Denken, das „Denken der Identität von Denken und Sein," aber doch nur das Denken davon. — Ja, dieses Denken ist der Geistesphilo= sophie das Alpha und das Omega! — Wir sagten oben, Hegel habe sein System mit der Logik begonnen. Das erste große Werk aber, mit dem Hegel seine philosophische Laufbahn eröffnet hat, war die Phänomenologie des Geistes, und dieses Buch der Bücher Hegel's ist der Gründer seines Ruhmes. Die Phä= nomenologie bildet eben so sehr den Anfang des Hegel'schen Systems, als den Mittelpunkt vom Hegel'schen „subjectiven Geiste," und schon daraus ist ersichtlich, wo das eigentliche Gebiet der He= gel'schen Philosophie. — Wirklich muß diese Philosophie als die höchste subjective innerhalb der absoluten Geistesthat, mit andern Worten, als „absoluter Idealismus" definirt werden. Die Natur einerseits, anderseits die Geschichte sind ihre Grenz= gebiete, die sie nur berühren, aber nicht durchdringen kann. Denn die Natur ist nicht das Denken, sondern das Sein der Identität von Denken und Sein; die Geschichte aber ist Beides, das Sein und das Denken jener Identität. Die Natur in ihrer Totalität ist das unmittelbare, und die Geschichte in ihrer Totalität das vermittelte Leben Gottes. Natur und Geschichte können daher nicht vom bloß begreifenden, sondern vom thätigen Geiste allein erfaßt, wie manifestirt werden, und zwar die Natur vom unmit= telbar oder wunderthätigen, die Geschichte aber vom vermittelten, bewußt thätigen Geiste, vom Weltgeiste, der sich darin vom obje= ctiv und subjectiv thätigen, vom Natur= und Menschengeiste un= terscheidet, daß er nicht, wie jener, in der Unmittelbarkeit des Thuns nach Außen, noch wie dieser in der Vermittlung des Denkens nach Innen, sondern vollends vermittelt, von Innen heraus schaffend ist.

Durch die Eigenthümlichkeit (Definition) der Hegel'schen Philosophie — weil sie weder objective noch absolute Geistesthat —

wird manche Erkenntniß derselben eine schiefe. Dieses Schiefe im Hegelianismus findet jedoch am Ende desselben — wo er sich nicht mehr bloß theilweise, sondern ganz und gar als subjective Geistesthat erkennt und über sich hinaus zur absoluten fortgeht — ohne viele Mühe seine Berichtigung. Es ist an der Hegel'schen Philosophie nichts auszusetzen, als daß sie ungehörigerweise in fremde Gebiete übergreift. Sie kennt ihre Grenzen nicht, weiß sich nicht aufzuopfern. Dem denkenden Geiste gibt sie den concretesten richtigsten Begriff von ihm, aber sie muthet demselben (sich selber) zu viel zu, wenn sie mehr als das Begreifen seiner selbst (des absoluten Subjectes) von ihm verlangt. Denn alles ächte Wissen ist nur ein Wissen von sich. — Nur insofern der Hegelianismus mehr umfassen will, als seinen Begriff, macht er Mißgriffe. Die absolute That gehört so wenig, wie die unmittelbar thätige Natur, der Hegel'schen Geistesphilosophie an. Die ganze Eintheilung des Hegel'schen Systems ist von vorn herein eine verfehlte. Die Hegelianer sind auch schon in großer Verlegenheit darüber, wo sie die Phänomenologie Hegel's in dessen System unterbringen sollen. Diese Verlegenheit wird immer größer, je mehr man das Wesen der Hegel'schen Philosophie und die hohe Bedeutung seiner Phänomenologie erkennt. Die Phänomenologie des Geistes ist das Hegel'sche System in nuce. Nicht bloß Phänomenologie und Logik, sondern das ganze Hegel'sche System gehört zur Philosophie der Subject werdenden Substanz, des subjectiv thätigen, begreifenden Geistes. Die Philosophie der Natur ist der Geistesphilosophie, wie die Natur überhaupt dem Bewußtsein, eine Voraussetzung. So ist denn Phänomenologie und Logik wohl das Erste im Hegel'schen Systeme, und dennoch ist ihre Stelle nicht vor, sondern nach der Naturphilosophie. Die Natur ist noch nicht das eigentliche Gebiet der Philosophie, sondern der Poesie. Wie sie selber eine unmittelbare Geistesthat ist, so kann sie auch nur vom unmittelbar thätigen

Geiste erfaßt werden, weshalb Schelling richtiger als Hegel, und das Alterthum besser, als die moderne Welt, die Natur verstanden hat. — Hegel definirt die Natur als die „sich selber entfremdete" göttliche Idee. Diese Definition ist falsch. Denn erstens geht hier das Leben in der unmittelbaren That ganz auf, es ist noch keine Idee als Voraussetzung da, weder eine abstracte, noch eine concrete, und konnte sich deshalb schon nicht „sich selber" entfremden. Und dann kann hier, in der Unschuld des Daseins, von einem Abfall, von einer Getrenntheit oder Zerfallenheit keine Rede sein. Die Natur in ihrer Totalität ist eben so göttlich, als der Geist in seiner Totalität. Sie ist das unmittelbare Leben Gottes. Der Abfall kommt erst durch das Bewußtsein. Der Mensch, das Subject, steht zwischen der Natur und dem Weltgeiste, zwischen dem unmittelbaren und vermittelten Gottesleben in der Mitte, und ist sowohl der Grund des Abfalls, wie der Versöhnung. — Dem entzweiten Menschen ist auch die Natur entzweit. An sich aber ist die Natur eben so heilig, wie die Geschichte oder der Weltgeist an und für sich heilig ist. Das Zwitter- und Mittelding, der unversöhnte Mensch, trägt ja seine Zerfallenheit nicht bloß in die Natur, sondern auch in die Geschichte hinein. Das halbgebildete Bewußtsein, der eitle Verstand schaut nichts in seiner Objectivität und Totalität, ihm ist alles Totale, die unmittelbare, subjective und absolute Geistesthat, ein Wunder, oder ein Betrug. Denn der einseitige Verstand ist das von der göttlichen Totalität abgefallene Bewußtsein, wogegen die Geschichte, wie die Natur, ein Totales, Göttliches, Heiliges ist. Der heilige Geist der Geschichte ist aber erst als absolut thätiger auf der ihm angemessenen Stufe. Er ist zuerst noch an Naturbestimmtheiten geknüpft, dieser und jener Volksgeist. Er ist sodann der λόγος, der Geist, das Allgemeine, das im Unterschiede von der Natur und Besonderheit nach Vermittlung strebt. Er ist endlich das mit der Besonderheit vermittelte Allgemeine. Erst hier wird er wahrhafter Weltgeist, der darin seinem Anfange gleicht, daß er wieder nach Außen thätig ist, sich in concreten Organisationen objectivirt, aber nicht weil er noch an Naturbestimmtheiten gebunden und zu keiner Unterscheidung vom Objecte gekommen ist, sondern weil er diesen Unterschied überwunden und hinter sich hat. —

Der Vermittlungsproceß gehört nur dem denkenden Geiste, dem Menschen an, und man hat es nicht mit Unrecht lächerlich gefunden, daß Hegel, indem er in seinem System die Logik der Philosophie der Natur vorausschickte, nicht nur das Mittlere, das Subject, sondern auch das Erste und Letzte, die Substanz, der Vermittlung unterworfen. — Nicht nur Gott, als die Einheit von Natur und Geist, ist erhaben über jede Vermittlung, sondern auch diese ewigen Attribute Gottes selber sind der Vermittlung überhoben. — Der Hegelianismus stellt den Geist, weil er sich erst durch seine eigene Thätigkeit zum Höchsten emporringen muß, über die Natur. Hiegegen ist jedoch einzuwenden: wird unter Natur, wie unter Weltgeist, nicht diese oder jene Stufe ihrer Totalität, sondern diese Totalität selber verstanden, so sind sich beide in der Wahrheit gleich, — umgekehrt aber wären beide im Irrthume, im Irren und Ringen nach Höherem, sich wiederum gleich. In der That sind Geist und Natur ein und dasselbe Wesen, das sich zwar hier unter dieser, dort unter jener Form manifestirt, aber „ordo et connexio idearum idem est ac ordo et connexio rerum." Die Natur wird weder vom Geiste erlöst, wie die Geistesphilosophie behauptet, noch wird umgekehrt, wie die Naturphilosophie meint, der Geist von der Natur erlöst. Der Mensch allein ist der Erlöste, wie der Erlöser. Natur und Geist sind die ewigen göttlichen Attribute, welche nicht einander über- oder untergeordnet. Die Natur ist nicht die Magd des Geistes, sondern sein ebenbürtiges Weib. Die Hegel'sche Philosophie, diese höchste Spitze der subjectiven Geistesthat, gleicht darin dem Anfange derselben, dem asketischen Christenthume, daß sie die Natur herabsetzt.

Die Hegel'sche Philosophie nannte sich eine christliche — und man hatte Hegel einen modernen Christus genannt. Aber das Christenthum geht nicht ganz in der Asketik auf; es hat vielmehr, wie später nachgewiesen wird, zwei Seiten, eine ideale und eine reale. Die erstere gehört dem asketischen Mittelalter und der contemplativen Germanie an. Von dieser Seite ist der Hegelianismus allerdings das non plus ultra, — aber ihre Vollendung durch Hegel ist eben ihr welthistorisches Ende. —

Indem die „europäische Triarchie" auf der deutschen Philosophie als ihrer Voraussetzung und Grundlage fußt, fordert sie von ihren Lesern Zweierlei: Einmal, daß ihnen der Inhalt der deutschen Philosophie, namentlich Hegel, nicht ganz fremd sei, was um so eher anzunehmen, als ja der Hegelianismus bereits contagiös sein und als Miasm in der Atmosphäre liegen soll. Das Zweite aber, was gefordert wird, besteht darin, mit der Hegel'schen „Errungenschaft" nicht mehr so stolz zu thun, da wir Epigonen den Hegelianismus eben nicht mit vieler Mühe errungen, sondern lediglich geerbt haben. Die geistige Erbschaft aber ist, wie jede andere, ein Fond, an dem wir nicht, wie es leider gewöhnlich zu geschehen pflegt, in Unthätigkeit zehren, den wir vielmehr zu weiterer Thätigkeit benutzen sollen. Aber der Weltgeist hat mit den Gewohnheitsmenschen seine liebe Noth; erst müssen sie mit den Haaren dazu herangeschleppt werden, eine neue Geistesrichtung, wie z. B. die Hegel'sche, deren hohe Genialität offenbar ist, anzuerkennen, — und ist es endlich dahin gekommen, daß eine solche ins allgemeine Bewußtsein übergegangen ist, so wird sie bald selbst so zäh, daß sie sich wiederum gegen jede weitere Vervollkommnung stolz abschließt. Der aristokratische Erbhochmuth ist die wahre Erbsünde. Stolz und Trägheit verbinden sich, um das Böse und die Dummheit nicht aussterben zu lassen. Aber unsere

Zeit ist im Besitze eines Gegengiftes, welches die geistige Krankheit, an der die Menschen seit dem Sündenfalle leiden, heilen wird.
Das Gegengift ist die Freiheit. —

Eine Consequenz der deutschen Philosophie, die aber von
dieser nicht gemacht worden, ist zunächst die, der speculativen Erkenntniß nicht bloß die Vergangenheit, sondern auch die Zukunft
zu vindiciren. Die bisherige Philosophie hat sich nur auf das, was
da ist, gewesen und geworden, nicht auf das, was da wird, bezo-
gen, — so daß man die deutsche Philosophie und namentlich ihre
letzte Phase, die Hegel'sche, eine Philosophie der Vergangenheit
nennen kann. Hieraus sind die vielen Widersprüche zu erklären,
welche die Hegel'sche Philosophie als absolute gewiß nicht hervorgerufen haben würde. Es ist dadurch erklärlich oder vielmehr
damit schon ausgesprochen, wie Hegel selbst zu so manchen retro-
graden Tendenzen verleitet werden mußte, so daß seine Schüler,
je nachdem sie an dem Principe der deutschen Philosophie oder an
der einseitigen Durchführung festhielten, sich in zwei Feldlager
theilen mußten, deren feindliche Stellung durch kein juste milieu
versöhnt werden konnte, obgleich man es an Vermittlungsversu-
chen innerhalb der Hegel'schen Philosophie nicht fehlen ließ.
Dergleichen Versuche innerhalb eines in sich selber zerfallenen
Systems werden immer scheitern; denn die Einheit liegt stets tiefer, als das System, welches den Zwiespalt hervorgerufen hat. —
Die Hegel'sche Philosophie hat sich wesentlich nur als Philosophie
des Geistes manifestirt; die höchste Spitze der deutschen Philosophie ist ein Reflex unserer idealistischen Vergangenheit, — das Wesen der That, welche eben so sehr die Zukunft als die Vergangenheit umfaßt, ist der deutschen Philosophie nicht aufgegangen.
Dieser Mangel hat sich in neuester Zeit fühlbar gemacht. Die
sogenannte „linke Seite" der Hegel'schen Schule bildet schon den
Uebergang aus der Philosophie der Vergangenheit zur Philosophie
der That, so daß dieses letzte Stadium der Hegel'schen und der

deutſchen Philoſophie überhaupt bereits eine Negation der Phi=
loſophie der Vergangenheit iſt. Ein poſitiver Uebergang aus
der deutſchen Philoſophie heraus zur That iſt ſodann in der oben
erwähnten Schrift Cieszkowski's, ſo wie früher ſchon vom Ver=
faſſer des Gegenwärtigen gemacht worden *).

Die zuerſt genannte, höchſt intereſſante Schrift des Herrn
von Cieszkowski, welche neben ihrer poſitiven auch eine polemiſche
Seite hat und die Schwächen der Hegel'ſchen Philoſoohie mit
vielem Geſchicke aufdeckt, deutet nur etwas zu flüchtig darauf hin,
wie dieſe Philoſophie, indem ſie in dem Vorurtheile der Unerkenn=
barkeit der Zukunft befangen bleibt, mit ſich ſelber im Wider=
ſpruche ſtehe. Nur eine Stelle der „Prolegomena" iſt in dieſer
Beziehung anzuführen. „Wenn es alſo in der Möglichkeit der
Vernunft liegt, das Weſen Gottes, der Freiheit und der Unſterb=
lichkeit zu erfaſſen, warum ſollte das Weſen der Zukunft aus die=
ſer Möglichkeit ausgeſchloſſen bleiben?" — Der Verfaſſer der
Prolegomena gibt ſich aber außerdem viele Mühe, den Philoſo=
phen dieſes Vorurtheil zu benehmen. Allein es ſcheint faſt über=
flüſſig; die Sache ſpricht für ſich und bedarf keiner äußerlichen
Argumentation, wie z. B. die, daß Cuvier aus einem einzigen
Zahn den ganzen Organismus eines antediluvianiſchen Thieres
anzugeben ſich anheiſchig machte. — Nur der blindeſte Fatalis=
mus ſträubt ſich gegen die freie, bewußte That. Die fataliſtiſche
Weltanſchauung gehört aber nur dem Orient an, womit der
Umſtand, daß dieſer aus ſich ſelbſt heraus zu keinem weſentlichen
Fortſchritt kommen kann, in genauem Zuſammenhange ſteht. —
Wer aber nicht jede freie, menſchliche, ſelbſtbewußte That, als mit
der Vorherbeſtimmung und Weltregierung Gottes unverträglich,
läugnen zu müſſen glaubt, — wer im Gegentheil der Ueberzeu=
gung lebt, daß die Menſchheit ſelbſt des göttlichen Geiſtes theil=

---

*) In dem Buche: Heilige Geſchichte der Menſchheit, von einem Jünger
Spinoza's. Stuttgart 1837. Hallberger'ſche Verlagshandlung.

haftig ist, — kann nur durch eine höchst sonderbare Begriffsverwirrung dahin kommen, die Erkennbarkeit der Zukunft zu negiren, da ja, wie der Verf. der Prolegomena richtig bemerkt, nur der unfreien Thatsache, dem factum, das Bewußtsein erst nachfolgt, der freien That aber das Bewußtsein vorhergeht. — Der Occident ist vielmehr in das entgegengesetzte Extrem des Orients verfallen, und es hat eine Zeit gegeben, wo wir die Freiheit **quand-même,** d. h. auch dann noch in Anspruch nehmen wollten, wenn auch angenommen werden müßte, der Mensch sei der göttlichen Er= kenntniß überhaupt n i c h t theilhaftig. D i e s e Freiheit würde allerdings mit der göttlichen Weltregierung im Widerspruche ste= hen. Was aus dem e n d l i c h e n Willen entspringt, kann aller= bings auf keine Realität Anspruch machen, hat immer ein Anderes, als das Gewollte, zum Grunde und zur Folge. — Aber der Mensch hat auch einen guten, erleuchteten, göttlichen Vernunft= willen, und das ist eben der, welcher die so bewußte, wie nachhal= tige That erzeugt, und ohne welchen es keine ächte Freiheit, keine Sittlichkeit geben könnte. — Die deutsche Philosophie, wie der Occident überhaupt, läugnet diese ächte Freiheit des Willens nicht, weshalb auch bei uns ohne innern Widerspruch die speculative Erkennbarkeit der Zukunft nicht geläugnet werden kann. — Bei Hegel ist, weil er nur die Vergangenheit als solche in das Reich der Speculation zieht, deshalb die Nothwendigkeit überwiegend. Was v o r uns geschehen, ist, wenn auch für sich mit Freiheit, doch für uns mit Nothwendigkeit, weil nicht durch uns geschehen. Nur was durch uns vollbracht wird, geschieht, obgleich an sich mit Nothwendigkeit, doch für uns mit Freiheit, sofern nämlich unser innerstes Wesen, unser Bewußtsein, das Bestimmende von ihm ist. — Die Natur, die überhaupt kein Fürsichsein, kein Be= wußtsein hat, ist eben darum auch ohne Freiheit. Der Weltgeist aber, der an und für sich ist, hat eben in seinem Fürsichsein, in seinem Bewußtsein seine Freiheit, — und ganz in dem Maße, wie das speculative Bewußtsein beschränkt wird, wird auch die ächte, speculative Freiheit beschränkt.

Die „europäische Wiedergeburt" ist als eine weitere Entfaltung der bisherigen Philosophie der Geschichte, und namentlich der „heiligen Geschichte der Menschheit" zu betrachten. Es ist daher nöthig, über Geschichtsphilosophie überhaupt und besonders über die früher von uns verfaßte Schrift Einiges vorauszuschicken. In dieser letztern wurde der Weltgeist, die Geschichte in ihrer Totalität, als ein Factum hingestellt. Wir sehen jetzt ein, daß diese Weise, das Resultat ohne Deduction hinzustellen, nicht in das Bewußtsein der Zeit eindringen und zu Mißverständnissen Anlaß geben konnte. Die Erkenntniß, daß nicht bloß so weit, als die Bibel reicht, sondern die ganze Geschichte der Menschheit eine heilige sei, — diese Erkenntniß ist noch kein Factum, sondern erst im Werden. Man darf daher nicht voraussetzen, daß die Geschichte der Menschheit bloß dadurch, daß man ihr Innerstes herauskehrt, schon als eine heilige erkannt und anerkannt werde. Zum Verständniß der heiligen Geschichte der Menschheit ist vor Allem der Begriff, das Wesen der heiligen Geschichte überhaupt näher anzugeben. Die heilige Geschichte ist wesentlich die freie, sittliche, providentielle. Die Begebenheiten, welche in der heiligen Geschichte vorkommen, erscheinen nicht als zufällige, sondern als vorherbestimmte, als Werke des heiligen Geistes, als freie Geistesthaten, eben darum aber auch bis zu einer gewissen Geschichtsperiode als Wunderthaten. — In der heiligen Geschichte ist es nicht die unfreie Natur, sondern der freie Geist, woraus Alles entsteht. Wir haben oben gezeigt, worin sich der Weltgeist von der Natur unterscheidet. Daß nun die Geschichte eine That des Weltgeistes, ist in der heiligen dargestellt. Das ist das Wesentliche derselben. Aber im Alterthum ist der Geist noch ein unmit-

telbarer, und erſt mit und durch Chriſtus beginnt die Vermittlung
des Geiſtes und der Natur. So lange dieſe Vermittlung noch
nicht vollendet iſt, finden wir noch immer Wunderthaten; denn der
Menſch, der nur glaubt, daß der Geiſt Alles ſchafft und lenkt,
dem aber die Vermittlung des Geiſtes und der Natur durch den
Menſchenſohn noch ein Myſterium iſt, muß nothwendig ein unmittelbares Eingreifen des Geiſtes in die Natur, d. h. Wunder
annehmen. Dieſes aber iſt das Unweſentliche der heiligen Geſchichte, ſo daß der Unterſchied zwiſchen der vor- und nachchriſt-
lichen nur ein formaler bleibt. Weſentlich iſt die nachchriſtliche
Geſchichte noch viel mehr eine heilige, als die vorchriſtliche.
Denn das Charakteriſtiſche der heiligen Geſchichte iſt, wie geſagt,
daß ſie als freie Geiſtesthat erſcheint. Als ſolche aber erſcheint
ſie nach wie vor, nur daß vor der Vermittlung die Zukunft pro-
phetiſch, nach der Vermittlung aber ſpeculativ vorherbeſtimmt
wird. Das unmittelbare Schauen iſt Prophetie, das vermittelte iſt Speculation. Dort iſt der verborgene Geiſt Schöpfer, der noch nicht verklärte und verſöhnte Menſch nur blindes
Werkzeug. Hier aber iſt der offenbare Geiſt, der verklärte und
verſöhnte Menſch ſelber Schöpfer ſeiner Geſchichte. — Zwiſchen
Anfang und Ende der Vermittlung, während derſelben iſt zwar
auch ſchon der Menſch der Schöpfer, aber noch auf myſtiſche
Weiſe, ſo daß nun er, Chriſtus, wie vordem Jehovah als Wunderthäter erſcheint. Das in der Vermittlung begriffene Heilige
iſt das Myſtiſche. — Mit dem Ende der Vermittlung und der
Wunderthaten aber wird die Geſchichte ſo wenig eine profane,
daß ſie vielmehr nun erſt ganz geheiligt erſcheint. Sie wird in-
tenſiv heiliger, indem das Bewußtſein, welches der freien, ſittlichen,
totalen, heiligen That vorhergeht, nicht mehr bloß ein propheti-
ſches oder myſtiſches, ſondern auch ein ſpeculatives iſt. Eben
hiermit erweitert ſich aber auch der Schauplatz der heiligen Geſchichte, wird auch die Geſchichte extenſiv heiliger. Da nämlich

Prophetie und Mystik noch nicht das ganze Wesen des Geistes ausmachen, indem dieses erst durch den Hinzutritt der Speculation ergänzt wird, so konnten auch jene beiden ersten Geistesthätigkeiten nicht den Menschen schlechthin, nicht die ganze Menschheit, sondern nur diese oder jene bestimmte Art derselben, gewisse Volksstämme erfassen, wo diese oder jene bestimmte Seite des Geistes prävalirte. So war der jüdische Stamm das auserwählte Volk von Gott dem Vater, und der Schauplatz der heiligen Geschichte im Alterthum auf Palästina beschränkt, während er sich im Mittelalter über das römisch-germanische Europa ausdehnt, weil eben diese Welt für die Mystik, wie die jüdische für die Prophetie, empfänglich und daher die von Gott dem Sohne auserwählte war. — Jetzt aber, wo zu den beiden ersten Geistesthätigkeiten auch noch die dritte und letzte hinzugetreten ist, wo daher nicht mehr bloß diese oder jene, sondern die Menschheit schlechthin von der Geistesthat erfaßt werden kann, — jetzt wird die heilige Geschichte mit der Weltgeschichte identisch.

Indem wir die ganze Geschichte als eine heilige begreifen, ja der zukünftigen noch mehr Heiligkeit, als der vergangenen vindiciren, wird uns die Aufgabe der speculativen Geschichtsforschung eine höhere, als die mit der deutschen Philosophie zum Bewußtsein gekommene. Man hat gesagt, wie der Natur, so müsse auch der Geschichte ein Gesetz zu Grunde liegen, und dieses zu entdecken sei die Aufgabe der Geschichtsphilosophie. Demnach wäre unsere ganze Aufgabe, die Geschichte, wie die Natur in unserem Bewußtsein mit uns herumzutragen. — Und wirklich kommt die deutsche Philosophie nicht aus dieser Innerlichkeit heraus zum Schaffen. So wenig als wir z. B. einen Baum schaffen können, weil wir seinen Begriff in uns haben, eben so wenig ist die Hegel'sche Philosophie im Stande, eine geschichtliche That zu erzeugen. Was Hegel „Philosophie des objectiven Geistes" nennt, ist nur das begriffene Daseiende oder Dagewesene, nicht das darzustellende geschichtliche Object. Der „objective Geist" Hegel's unterscheidet sich nur formal von seinem „subjectiven." Wesentlich sind beide zusammen, nach Hegel's eignem Ausdrucke, nur die „Schädelstätte des absoluten Geistes." Die Philosophie der That ist ein lebensfähiger Keim der Zukunft, wohingegen Hegel's „objectiver" Geist pure Idee ist und bleibt. Napoleon hatte Recht, wenn er die Deutschen „Ideologen" schimpfte. Eine Philosophie der Geschichte hat, indem sie, wie die Hegel'sche, nur das Vergangene, das Daseiende als vernünftig zu erkennen sich bemüht, ihre Aufgabe nur halb verstanden. Zur Erkenntniß der Geschichte gehört wesentlich dieses: aus der Vergangenheit und Gegenwart, aus einem Gewesenen und Daseienden, aus diesen beiden bekannten Größen eine unbekannte dritte, die Zukunft, das Werdende zu folgern. So gestellt, ist die Aufgabe der Geschichtsphilosophie eine ihrer selbst würdige, und mit der Lösung dieser Aufgabe wird die Philosophie der Geschichte Philosophie der That, wie die Geschichte selber eine durchaus providentielle, sittliche, heilige wird, — nicht aber, weil wir den Geist als Wunderthäter, sondern weil wir umgekehrt die Wunderthat als Geistesthat erkennen.

Hegel ist Alles recht, was da ist, und seine Geschichtsphilosophie ist mehr Geschichte, als Philosophie. Wir sehen hier bloß eine trockne Relation dessen, was da war, wie in seiner Philosophie nur den Begriff dessen, was da ist. Wie man in dieser von jedem Windhauche hin und her bewegten Philosophie der Geschichte, die vom Hundertsten ins Tausendste geräth, eine freie Geistesthat hat erblicken können, ist schwer zu begreifen. Die Geschichtsphilosophie ist die allerschwächste Seite Hegel's. Ihr fehlt alle Begeisterung, wie Hegel überhaupt das Umgekehrte eines Fanatikers ist. Den Fanatismus definirt Hegel ganz richtig als die Begeisterung für eine abstracte Idee, die keinerlei Beziehung und Rücksicht auf das Bestehende hat. Das Gegentheil hiervon ist der Indifferentismus, der aus lauter Beziehungen und Rücksichten nicht zur freien That kommen kann. — Zwischen beiden Abarten steht die ächte Begeisterung, welche eben so viel Liebe als Logik hat. Die intellectuale Liebe allein schafft Gutes und Brauchbares in der Philosophie, wie in der Kunst, im Geiste, wie im Leben. Aber die Philosophie ist bis jetzt ohne Liebe und daher steril gewesen. Hätte sie Liebe gehabt, so wäre sie nicht bei sich selber stehen geblieben, sondern hätte sich aufgeopfert und wäre zur That übergegangen. Es hilft ihr übrigens wenig, daß sie egoistisch der Einsicht ihrer Begrenztheit gegenüber die Augen verschließt. Was die deutsche Philosophie nicht mit Freiheit vollbracht hat, ist an ihr mit Nothwendigkeit vollzogen worden. Weil die deutsche Philosophie in Bezug auf Geschichte ihre Aufgabe so mißverstanden hat, daß sie sich nur der Vergangenheit zuwendete, ist sie in neuester Zeit in ihr Gegentheil umgeschlagen. Es ist schon darauf hingedeutet worden, wie die Tendenz der „linken Seite" der Hegel'schen Schule nur als Uebergang zur Philosophie der That aufzufassen sei. Dieser Uebergang aber, wie sehr er auch ein wichtiger Fortschritt ist, hat doch eine dunkle Seite, ohne deren Beleuchtung er selber wieder in gewissem Sinne ein Rückschritt wäre. Wir meinen hier nicht seine polemische Befangenheit überhaupt, welche ihn verhindert, positiv weiter zu kommen. Wir meinen dieses: Anstatt die ganze Weltgeschichte zu heiligen, gibt sich jene Tendenz wieder viele Mühe, auch der Vergangenheit ihre Heiligkeit zu rauben, — und das ist der so eben ausgesprochene Umschlag der deutschen Philosophie in ihr Gegentheil. Diese Philosophie hat nämlich auf ihrem Höhepunkte die Vergangenheit gegen die kritischen und rationalistischen Bestrebungen des vorigen Jahrhunderts wieder in Schutz genommen. Hegel wollte die Vergangenheit wieder in ihre Rechte einsetzen; weil er aber eben nur die Vergangenheit im Auge hatte, ist ihm dies nicht gelungen. Er konnte die Geschichte überhaupt,

die vergangene, wie die gegenwärtige, die religiöse, wie die politische, die heilige, wie die profane, nur als eine nothwendige, objective, aber nicht auch als eine eben so freie, bewußte Schöpfung
rechtfertigen. Er legte der Geschichte wohl einen Geist bei, aber
dieser Geist ist in der That nichts weiter, als eine der Geschichte
zugegebene und ihr ganz äußerliche Beilage. Der Hegel'sche
Begriff folgt den Thatsachen der Geschichte hinterher nach, liegt
ihnen aber in keiner Weise, weder prophetisch, noch mystisch, noch
speculativ zu Grunde. Vernunft ist wohl nach Hegel in der
Geschichte, jedoch nur unbewußte. Wenn aber die Vernunft nicht
als bewußte, nicht als Geist, sondern nur als Natur der Geschichte
zu Grunde liegt, wo ist denn irgendwo in der Geschichte eine heilige Geistesthat? — Indem Hegel das Wesen der freien That
überhaupt nicht erkannte, konnte er dieselbe auch mit dem besten
Willen keinem Abschnitte der Vergangenheit vindiciren. Dennoch
wollte er dies, und es erregt ein schmerzliches Gefühl, wenn man
sieht, wie Hegel bei der Arbeit stöhnt, wie er ungeheure Anstren-
gungen macht, einem Theile der Geschichte die Heiligkeit zu retten,
und wie es ihm am Ende doch ganz und gar mißlingt! „Nur
Einer hat mich verstanden, und dieser hat mich mißverstanden!"
Ob dieser Ausspruch wirklich aus Hegel's Munde gekommen, oder
nicht, er ist jedenfalls höchst charakteristisch. Man kann in der
That Hegel nur verstehen, indem man ihn mißversteht, da das,
was er wollte, diametral dem entgegensteht, was er zu Stande
brachte, und man sich also entweder das Erstere herausnehmen
und das Letztere preisgeben, oder das Umgekehrte stattfinden
lassen muß. — Dem Lehrer ist dieser Widerspruch nicht zum
Bewußtsein gekommen, und er glaubte noch bis zu seinem Ende,
sein System trage den Keim der Versöhnung in sich. Den Schü-
lern aber ist der Widerspruch durch Polemik klar geworden. Seitdem werfen sich die, welchen es mit der Vermittlung niemals
Ernst gewesen, wieder dem unmittelbaren Glauben in die Arme,

sehen in der heiligen Geschichte nur Wunder, und stehen wesentlich wieder auf dem Standpunkte des Supernaturalismus. Ja, sie halten diesen Standpunkt hartnäckiger fest, als ihre Vorgänger, wie diese wiederum viel zäher, als die ursprünglich und unmittelbar Gläubigen sind. Hatte die unversöhnte Reflexion den Supernaturalismus hervorgerufen, welcher dem Rationalismus gegenübersteht, so ist dagegen jener neueste Supernaturalismus, welcher der linken Seite der Hegel'schen Schule gegenübersteht, das Product einer unbefriedigten Speculation. — Konnten die unmittelbar Gläubigen noch durch die Reflexion und die Reflexionsgläubigen noch durch die Speculation zur Erkenntniß kommen, so haben sich dagegen die neuesten Supernaturalisten schon beide Durchgänge zur Erkenntniß vernagelt. — Auf der andern Seite stehen die Muthigen, welche die Resultate des Kriticismus in sich aufgenommen haben, aber nicht über den Hegel'schen Begriff hinaus zur That kommen können. Wie die neuesten Supernaturalisten in ihrem Glauben die zähesten, so sind diese neuesten Rationalisten, welche die linke Seite der Hegel'schen Schule bilden, in ihrer Kritik die negativsten. Indem sie die heilige Geschichte als Mythus auffassen, behaupten sie damit wesentlich dieses: daß das Bewußtsein dieser Geschichte nicht vorhergegangen, sondern ihr erst nachgefolgt sei, wodurch die heilige That zur profanen Thatsache herabgewürdigt wird. — Begnügten sie sich damit, nachzuweisen, daß das, was man ehedem für Wunderthaten gehalten, eigentlich keine solchen, sondern wesentlich freie Geistesthaten waren, wobei der Weltgeist freilich in der Mystik der Vermittlung noch mit dem endlichen Subjecte, in der Unmittelbarkeit sogar noch mit der Naturmacht verwechselt wurde, — so wäre dies ganz in der Ordnung und unserer Zeit würdig. Aber das werden die Hegelianer der Linken als solche nimmer; es sind gründliche Rationalisten, weiter nichts, und sie haben sich den Ausgang, wie ihre Antipoden den Durchgang, vernagelt. — —

Vom Standpunkte des Rationalismus aus, in der Geistes= freiheit, kann eben so wenig irgend ein Positives auffommen, als vom Standpunkte des Supernaturalismus aus, in der Geistes= knechtschaft, irgend ein Fortschritt zu erwarten ist. Hierbei ist es ganz gleichgiltig, ob diese einander entgegengesetzten Richtungen eine Stufe niedrer, in der Reflexion, oder eine Stufe höher, in der Speculation, stehen. — Um positiv zu werden, darf die Geistesfreiheit nicht bei sich selber stehen bleiben; denn Negation, Negation aller geistigen Autorität, Negation alles Dogmatismus, ist das Erste der Geistesfreiheit, und wo dieses Princip allein herrscht, kann, wie sehr man sich auch deshalb abmühen mag, nichts Positives errungen werden. Hieraus erklärt es sich denn auch, wie Leute, die um ihr Seelenheil besorgt sind, in der Ver= zweiflung, ihre negativen Arbeiten mit einem positiven Resultate gekrönt zu sehen, oft wieder das mühsam errungene Gut der Gei= stesfreiheit dran geben und ihren Nacken freiwillig (in der Refle= rion — gemeiner Supernaturalismus — oder gar in der Specu= lation — speculativer Supernaturalismus) unter das Joch der Geistesknechtschaft beugen. — Nur in ihrer organischen Vereini= gung mit der thätigen und realen wird die Freiheit des Geistes eine positive. Die Freiheit ist überhaupt immer nur negativer Natur, wo sie einseitig auftritt, sei es im übersinnlich abstracten Geiste, oder im unbestimmten, schrankenlosen Willen, oder endlich in der von Geist und Seele getrennten, schlechten Wirklichkeit. Wohl gewinnt die Geistesfreiheit, insofern sie sich selbst als speculativer Dogmatismus geltend machen möchte, den Schein des Positiven. Diese Illusion kann aber nur von kurzer Dauer sein. Da alles Positive, wie z. B. das positive Recht, nur durch seine Geltung ein Positives ist, so kann, wo einmal der blinde Autoritätsglaube aufgehört hat, kein positiver Dogmatismus mehr auffommen. Speculation und Reflexion, sofern sie auf die freie Thätigkeit des Geistes gegründet sind, haben die Negation

jeder geistigen Autorität zum Ziele, wie zum Anfange. Hierin
steht der Katholicismus viel schärfer, als der Protestantismus
und die moderne Wissenschaft; er verbietet das Denken, weil es
seine Dogmen auflöst, — das ist Consequenz! Hegel dagegen
glaubte, durch speculatives Denken eine Lehre und eine Schule
gegründet zu haben, die nicht nur in sich selber Positives biete,
sondern die auch alles, was sich bis jetzt dogmatische Geltung
verschafft hat, in ihren weiten Schooß aufnehmen könne; aber die
neueste Zeit hat es wieder auf eine eclatante Weise gezeigt, daß
sie keinen Dogmatismus dulde. Die Illusionen der Hegel'schen
Philosophie sind schnell zerstört worden! — Die Speculation ist
gegenwärtig in eben so vielfache und große Zerwürfnisse gerathen,
wie ehedem die Reflexion und der Protestantismus (die Denkfreiheit) überhaupt. Der große Zwiespalt des christlichen Glaubens
und der modernen Wissenschaft ist wieder schroffer als je hervorgetreten. Auch ist man in der Speculation wieder, wie in der
Reflexion, dahin gekommen, einen sogenannten „Vernunftglau-
ben" in Aussicht zu stellen. Aber so widersinnig das Vorhaben
des gemeinen (Reflexions-) Rationalismus war, eine Dogmatik
für seine „Vernunftgläubigen" zu schaffen, eben so widersinnig ist
dasselbe Vorhaben bei den speculativen Rationalisten. Das ist
eben eines der charakteristischsten Merkmale der Neuzeit, daß in
ihr der Dogmatismus aufhört. — Man hat von Strauß eine
Dogmatik erwartet; sie ist erschienen und hat gebracht — was sie
bringen mußte; wer weniger oder mehr erwartete, kannte den
Strauß'schen Standpunkt schlecht. Diese „Glaubenslehre" des
größten Theologen unserer Zeit ist gerade so eine Dogmatik, wie
dessen „Leben Jesu" eine heilige Geschichte ist. Solchen Ansprüchen hat der Verf. genannter Schriften seinen Ruhm nicht zu
verdanken; auch macht er auf solchen Ruhm durchaus keinen Anspruch. Er hat es über sich genommen, mit der Vergangenheit
abzurechnen, und er hat diese Arbeit mit einem Fleiß und einer

Ehrlichkeit ausgeführt, daß man ihm über die bloß negativen
Refultate feiner Bemühungen — Refultate, die doch einmal, und
wenn nicht von ihm, fo von Anderen ausgefprochen werden muß=
ten — nicht zürnen kann. — Ja, der Verfaffer der „chriftlichen
Glaubenslehre" hat fich durch diefe gelehrte Arbeit einen neuen
Ruhm gegründet, und erft den kommenden Jahrhunderten, denen,
die durch alle Negation hindurch wieder zum Pofitiven gekommen
find, ift es vorbehalten, feine hohe Bedeutung nach Gebühr zu
würdigen. — Wer jedoch glaubt, daß die Strauß'fche Dogmatif
Pofitives gebracht, ift fehr im Irrthum. Pofitives konnte
Strauß von feinem Standpunkte aus nicht bringen. Was durch
die moderne Wiffenfchaft Pofitives errungen werden kann, liegt
nicht mehr im Gebiete der eigentlichen Philofophie, nicht mehr im
Denken überhaupt, und träte es auch noch fo fehr als dogmati=
fches auf. Das Pofitive muß jetzt in einem andern Gebiete,
als der θεωρία gefucht werden. Das freie Denken verträgt fich
mit keinem Dogmatismus. — Kann aber die Philofophie nicht
mehr zum Dogmatismus zurückkehren, fo muß fie, um Pofitives
zu erringen, über fich felber hinaus zur That fortfchreiten. —

Die Philofophie der That unterfcheidet fich von der bisheri=
gen Philofophie der Gefchichte dadurch, daß fich nicht bloß Ver=
gangenheit und Gegenwart, fondern mit diefen beiden Factoren
und aus ihnen heraus die Zukunft in das Bereich der Specula=
tion zieht. Durch den Hinzutritt diefes neuen Factors erhält aber
die ganze Gefchichte eine andere Phyfiognomie, als bisher, und
diefe haben wir hier in ihren Hauptzügen zu zeichnen. Denn
die „europäifche Wiedergeburt" ift als Glied der Weltgefchichte
mit diefer innig verwachfen, und obgleich die Fäden, durch welche
jenes Glied der Gefchichte mit dem Ganzen derfelben zufammen=
hängt, in dem darzuftellenden Abfchnitt der Weltgefchichte felbft

ausgesponnen, so ist doch zum Verständniß erforderlich, daß auch
vom Ganzen wenigstens das Allgemeinste vorangeschickt werde.
— Die bisherige Geschichtsphilosophie ist, wie wir gesehen
haben, zu mangelhaft, und unsere „heilige Geschichte der Mensch=
heit" aus den schon angegebenen Gründen noch zu wenig ins
allgemeine Bewußtsein übergegangen, als daß wir uns ohne
Weiteres auf diese oder jene beziehen könnten. Der Verfasser der
„Prolegomena" aber hat wohl zum Theil diese Vorarbeit über=
flüssig gemacht; jedoch fehlt auch bei ihm noch ein Wesentliches
zur Abrundung des Ganzen der Geschichte. Die alte heilige
Geschichte scheint er ganz zu ignoriren oder nicht in Anschlag zu
bringen. Dieser Theil der Geschichte der Menschheit ist aber von
unendlicher Wichtigkeit, da er uns zeigt, wie sich schon vom
Anfange der Geschichte an dasjenige entfaltet, was der Verfasser
der „Prolegomena" mit Recht als das Höchste und Letzte ansieht:
die freie Geistesthat. Kommt dieselbe auch jetzt erst zu ihrer
welthistorischen Bedeutung, so ist es darum doch gewiß nicht
minder wichtig, ihre Spur rückwärts zu verfolgen. Es ist im
Gegentheil höchst auffallend, wie dem Verfasser der „Prolego=
mena," der so nahe daran ist, den Geist der Geschichte zu erkennen,
das Wesentlichste der Vergangenheit so sehr entgehen konnte, daß
er den auch von uns als Motto gewählten schönen Göthe'schen
Vers, um ihn gebrauchen zu können, verstümmeln mußte. Das
dritte Capitel der „Prolegomena" hat nämlich den in Rede stehen=
den Vers in dieser Variante zum Motto: „Mir hilft der Geist!
Auf einmal find ich Rath und schreib getrost: am Ende wird
die That!" — Das alttestamentarische „Am Anfang schuf Gott"
übersetzte ein Apostel Jesu Christi „Am Anfang war das Wort,"
und dieses übersetzte wieder ein Apostel der Neuzeit „Am Anfang
war die That." — Das ist heilige Schrift, daran darf nichts
geändert werden! — Bei Hegel, dem das Wesen der That
überhaupt noch nicht aufgegangen ist, finden wir es wohl natür=

lich, ja charakteristisch, daß ihm die alte Welt im Heidenthum, die
moderne in der Germanie aufgegangen! jenes war zu realistisch,
diese zu idealistisch, um aus sich selbst heraus zur Geistesthat
kommen zu können, — gerade so wie der Verfasser der Phänome=
nologie nicht aus diesem Gegensatze von Thatsache und Begriff,
wie sehr er sich auch deshalb abmühte, herauskommen konnte.
Vom Verfasser der Prolegomena aber, der zu den Ersten gehört,
welchen das Wesen der That aufgegangen ist, wäre zu erwarten
gewesen, daß er die heilige Geistesthat durch die ganze Geschichte
hindurchgeführt hätte.

Wie sehr sich auch das vorige Jahrhundert dagegen gesträubt
hat, so ist doch die Bibel am Ende die „älteste Urkunde der
Menschheit" geblieben. Das gegenwärtige Jahrhundert wird
mit seinem größern kritischen Apparat zu demselben Resultate
kommen. Die Tradition vom „Volke Gottes" ist in der That
die glaubwürdigste, und die Glaubwürdigkeit seiner Urgeschichte
hängt mit ihrer Heiligkeit innig zusammen. Das Bibelvolk
ragt mit seinem Bewußtsein am weitesten in die Vergangenheit,
am weitesten in die Zukunft hinein. — Die Geschichte, deren
Mittelpunkt der Jordan ist, geht zurück bis zu den Ufern des
Ganges, an dessen Quellen die Urältern des Bibelvolkes in Pa=
radiesesunschuld spielten. Und dieselbe Geschichte, dieselbe Geistes=
pflanze, welche am Ganges keimte und ihre zarten Schößlinge bis
zum Jordan trieb, wo sie erst recht Wurzel fassen konnten, entfal=
tete nach einem langen Zeitraume an der Tiber ihre Blüthen, und
ist erst jetzt und hier bei uns in ihrer Wiedergeburt, im Hervor=
bringen ihrer Früchte begriffen. — Groß und heilig ist diese
Geschichte, und es sei gestattet, hier unsere Anschauungsweise der=
selben in allgemeinen Umrissen zu zeichnen. — Der Weltgeist hat
drei Hauptperioden, und ihnen entsprechen die drei Offenbarungen
vom Vater, vom Sohn und vom heiligen Geiste! Die erste
Hauptperiode beginnt nach der Sündfluth und endigt mit der

Völkerwanderung, von da an beginnt die zweite, und nach der **französischen Revolution**, also jetzt, die dritte. — Adam, der Naturmensch, ist Prototypus des Alterthums, Christus, der Gottmensch, Prototypus des Mittelalters, Spinoza, der Mensch schlechthin, Prototypus der Neuzeit. Wesentlich beginnt daher schon mit Adam, Christus und Spinoza der Untergang einer alten, der Aufgang einer neuen Welt, obgleich dieses erst später, nach den drei großen Revolutionen, in die Erscheinung tritt und welthistorisch wird. — So finden wir, um bei unbestrittenen historischen Thatsachen stehen zu bleiben, daß schon von der Erscheinung Christi an, — welche nicht bloß chronologisch mit der Zerfallenheit des jüdischen Staates, mit der Schlacht bei Actium und der Hermannsschlacht zusammenhängt, — daß schon von da an, sagen wir, mit den Organisationen des Alterthums, mit allen seinen Völkern und Institutionen tabula rasa gemacht wird. Rom absorbirt Alles, und wird selbst von seinen Kaisern absorbirt. Ein römischer Cäsar in der Periode von Christus bis zur Völkerwanderung konnte so gut, wie ein französischer König aus dem 17ten und 18ten Jahrhundert sagen: l'état c'est moi. — Ganz analoge Zeichen der Zeit finden wir auch schon bei der Erscheinung Spinoza's, und was sich damals in Deutschland, Frankreich und England zutrug, — der dreißigjährige Krieg, Richelieu, Cromwell, — hat keine geringere Bedeutung, als das, was zur Zeit Christi in Judäa, Rom und Germanien vorfiel. —

Sehen wir mehr auf das Innere, als auf das Absolute, so erscheint die erste Hauptperiode des Weltgeistes als eine Offenbarung des Naturgeistes, die zweite als Gemüthsoffenbarung und die dritte als eine Manifestation der speculativen Vernunft. — Es ist eine noch ziemlich verbreitete falsche Ansicht, die Propheten des Alterthums für weise, hochgestellte Männer zu halten, welche durch richtige Beurtheilung der Weltlage die Zukunft voraussahen,

ober welche gar in Verbindung mit den Priestern das orakelgläu-
bige Volk hintergingen. Weil jetzt die unmittelbare Sehergabe in der
speculativen Vernunft aufgehoben ist, haben wir auch den unmittelbaren Glauben an die Propheten verloren. Aber das bei Einzelnen
hie und da noch hervorbrechende Vermögen eines unmittelbaren
Schauens könnte uns schon eines Bessern belehren. Betrachten
wir überdies die Sprache jener verehrten Männer des Alterthums,
so kann vollends kein Zweifel über das Wesen derselben übrig
bleiben. Prophetie ist Poesie, aber ursprüngliche, und von der
modernen eben so weit entfernt, wie der reflectirte Glaube der
Supernaturalisten vom unmittelbaren. — Schon Spinoza macht
darauf aufmerksam, wie falsch die modern-rationalistische Auffassung der Prophetie sei, da die Propheten größtentheils ungebil-
dete Landleute waren*). — Die unmittelbare Sehergabe hat mit
Christus aufgehört, von da an beginnt die Mystik, welche als
vorherrschendes Gemüthsleben aufzufassen ist. Man hat die
Mystik eben so falsch, wie die Prophetie beurtheilt, indem man
diese Gabe des bewegten Gemüthes, wie jenes unmittelbare
Schauen der Seele zu hoch oder zu gering schätzte, sie für Speculation oder für leere Grübelei hielt. Allerdings beginnt mit
dem vorherrschenden Gemüthsleben die Speculation, die Innerlichkeit des Denkens; aber dieser Anfang der Speculation unterscheidet sich von der vollendeten, wie die Bewegung von der
Ruhe. Die Mystik ist eben dieses, daß der Geist noch mit der
Natur im Ringen ist. Erst die vollendete Mystik ist Speculation. Der erste wahrhaft speculative Geist, der vollendete Mystiker, ist Spinoza. Weil von nun an der Geist zur Reife gekommen ist, beginnt er wieder, wie im Alterthum, sich zu objectiviren.
Der speculative Geist ist eben so poetisch als philosophisch, eben
so prophetisch als mystisch, eben so reell als ideell. Mit Christus

---

*) Tract. Theol. Pol., cap. II., am Eingange.

begann die Vermittlung von Idealem und Realem, von Geist
und Natur. Mit Spinoza ist diese Vermittlung beschlossen. —

Das Aeußere hält mit dem Innern gleichen Schritt, und die
drei Offenbarungsgeschichten, welche als die des Naturgeistes, des
Gemüthes und der Vernunft erscheinen, spiegeln sich im Aeußern
wieder ab. — Es würde uns hier zu weit führen, wollten wir in
jeder Hauptperiode der Geschichte das sociale Leben nach seinen
religiösen, sittlichen und rechtlichen Beziehungen auch nur im All=
gemeinen angeben, und wir begnügen uns daher, von diesem
Realen das Realste anzudeuten, wie wir vom innern Leben das
Innerlichste angegeben haben. Knüpfen wir unsere Betrachtung
an eine Stelle aus der Politik des Aristoteles, wodurch uns
der Unterschied der realen Freiheit des Geistes in den drei Haupt=
perioden seiner Geschichte plötzlich klar werden wird. Im dritten
Capitel des ersten Buches seiner Politik läßt dieser große Grieche,
der bekanntlich die Sklaverei als eine eben so natürliche, wie noth=
wendige sociale Einrichtung betrachtet, sich in folgender Weise
vernehmen: „Wenn freilich die Kunstwerkzeuge bloß auf Be=
fehl des Künstlers oder aus eigner Empfindung dessen, was
zu thun sei, ihr Werk vollbrächten; wenn sie den Kunstwer=
ken des Dädalus oder den vom Vulcan verfertigten Dreifüßen
gleich wären, von welchen der Dichter sagt, daß sie sich von selbst
in die heilige Versammlung begaben; wenn gleicherweise das
Weberschiff zwischen Zettel und Einschlag von selbst hin und her
liefe, oder das Plectrum des Cytherspielers von selbst die rechten
Saiten träfe: dann würde man keine Menschenhände zur Arbeit
u. s. w. bedürfen." Hieraus zieht Aristoteles den Schluß, daß
es in einer gut eingerichteten menschlichen Gesellschaft Leute, wel=
che bloße Maschinen sind, d. h. Sklaven geben müsse. Und in
der That, je unvollkommener die todten Werkzeuge sind, desto mehr
müssen lebendige und vernünftige Geschöpfe, Thiere und Menschen
zu Maschinen, zu Sklaven herabgewürdigt werden. Nun aber

gehört es zu den realen Vorzügen der Neuzeit, daß sie die tobten Werkzeuge bis ins Unglaubliche vervollkommnet. Ja, wir haben schon Werkzeuge, die den „vom Vulcan verfertigten Dreifüßen" gleich sind, wir haben schon „Weberschiffe, die zwischen Zettel und Einschlag von selbst hin und her laufen," und was uns in dieser Beziehung noch fehlt, dürften wir wohl nach Verlauf eines Jahrhunderts ebenfalls haben. — Hat aber Aristoteles Recht, und ist es wahr, daß es lebendige und vernünftige Maschinen geben müsse, je unvollkommner die tobten Werkzeuge sind, so ist es umgekehrt eben so wahr, daß lebende und vernünftige Geschöpfe um so weniger zu blinden Werkzeugen, zu Maschinen herabgewürdigt zu werden brauchen, je vollkommner die tobten sind. Auch wird diese Wahrheit von der Neuzeit eben so sehr bestätigt, wie die umgekehrte vom Alterthum. Schon lange gibt es keine Sklaven mehr, und das Verhältniß der herrschenden zur dienenden Classe überhaupt ist in einer großen welthistorischen Metamorphose begriffen. Theorie und Erfahrung, wie Idee und That, sind demnach im socialen Leben im vollkommnen Einklang. Eine Differenz ist nur da, insofern die alte Zeit im Uebergange zur Neuzeit ist. Das Wesen der letzten aber, wie es nach ihrer vollkommnen Ausbildung erscheinen muß, unterscheidet sich gewiß hinsichtlich der realen Freiheit in der angegebenen Weise vom Alterthum. Dieser Unterschied also ist als das Reale der Entwicklungsgeschichte des Weltgeistes festzuhalten. Die drei Hauptperioden der Weltgeschichte sind demnach als die der absoluten Ungleichheit, des Ueberganges und der absoluten Gleichheit zu fassen. Im Alterthum nämlich, wo der Mensch zum blinden Werkzeug herabgewürdigt werden mußte, war absolute Ungleichheit. Den Uebergang von dieser zur absoluten Gleichheit bildet das Mittelalter. Absolute Gleichheit endlich tritt ein, wenn, wie in der Neuzeit, das alte Verhältniß von tobten und lebendigen Werkzeugen ein umgekehrtes, so daß das tobte Werk-

zeug zum lebendigen erhoben wird, wie im Alterthum das leben=
dige zum todten herabgewürdigt worden ist. — Die weitere Aus=
führung der realen, so wie der absoluten und der Geistesfreiheit,
kann erst an ihrem Orte erfolgen. Hier haben wir nur noch zur
Vervollständigung des Bildes von der Geschichte die geographi=
sche Grundlage derselben anzudeuten.

Nur das römisch=germanische Europa ist der eigentlich
historische Welttheil; Asien ist wohl das Land des Anfanges, aber
nicht des Fortganges. Nur der Westen hat eine Geschichte, der
Osten hat keine. Er hat wohl, wie gesagt, einen historischen An=
fang, und daher fällt der Orient nicht ganz in die vorhistorische,
voranfängliche Zeit; aber dieser Anfang geht nicht über sich hin=
aus zum Verlauf, und der Orient gestaltet sich daher zu einem
Kreis, der seinen Anlauf ins Unendliche wiederholt, ohne aus ihm
herauszukommen. Das einzige asiatische Volk, das für die Welt=
geschichte von Bedeutung ist, das hebräische, ist es nur deshalb,
weil es, wie schon sein Name besagt, von drüben herüber zu
uns kam und den Westen mit dem Osten vermittelte. — Amerika
hat, umgekehrt, deshalb keine Geschichte, weil es nur das friedliche
Ziel, das Ende, aber nicht den Kampf selbst darstellt. Amerika
ist der Zufluchtsort derer, die des Kampfes müde sind. — Afrika
endlich mit seinen schwarzen Bewohnern, das größtentheils noch
immer verschlossene Afrika, fällt außerhalb aller Historie. Wir
haben Asien den Welttheil des Anfangs genannt, Afrika aber hat
es auch nicht zum Anfang gebracht; es ist der voranfängliche,
vorhistorische Welttheil. Europa allein ist der Welttheil der eigent=
lichen Geschichte. Alle drei Hauptperioden der Geschichte spielen
ihre welthistorische Rolle in Europa. Die classische wie die
romantische Welt hat in diesem Welttheil ihren Boden, und
die gegenwärtige Wiedergeburt, welche zur dritten Haupt=
periode der Geschichte hinüberführt, ist wiederum eine euro=
päische. — —

So viel über Geschichtsphilosophie im Allgemeinen. Für eine weitere Erörterung dieses Themas ist hier nicht der Ort, zumal da wir so viel wie möglich Wiederholungen vermeiden möchten. Die Winke, welche wir gaben, mögen genügen, auf das, worin wir von Hegel's Geschichtsphilosophie und Cieszkowski's „Prolegomena zur Historiosophie" abweichen, aufmerksam zu machen. Das Weitere überlassen wir füglich dem Selbststudium derer, die an diesem Thema ein mehr, als oberflächliches Interesse nehmen, indem wir nochmals auf die mehrgenannten „Prolegomena," ferner auf die „heilige Geschichte der Menschheit" und endlich auf die „europäische Triarchie" selber verweisen.

Die Eintheilung der vorliegenden Schrift ist, wie schon aus den Ueberschriften der Capitel ersichtlich, keine bloß äußerliche. Ihre Genesis wird uns auf ihre Eintheilung führen. — Als die eigentliche Wurzel derselben ist die Geistesfreiheit, also das dritte Capitel zu betrachten, welches schon lange niedergeschrieben war, bevor der Verfasser dasselbe zum Gliede eines größern Ganzen zu erheben, oder vielmehr herabzusetzen im Sinne hatte. Das Capitel über Geistesfreiheit wurde durch die kölnischen Wirren veranlaßt und sollte, wie noch jetzt, einen Beitrag liefern zur Vermittlung des Gegensatzes von Staat und Kirche. Wie dieser Gegensatz zu Deutschland am meisten Beziehungen hat, so lag er auch mir am nächsten. — Lange nachher wurde es mir erst klar, daß die Geistesfreiheit eigentlich mehr unserer Vergangenheit angehöre, da sie ja schon mit der deutschen Reformation begonnen, und ich fragte mich nicht ohne schmerzliches Gefühl: haben wir denn die Geistesfreiheit noch immer nicht errungen? — da erst gewahrte ich, daß die deutsche Philosophie den geistigen Zwiespalt gelöst, daß sie die religiöse Revolution, wenigstens auf ihrem eigensten Gebiete, im Geiste, zum Abschluß gebracht

habe, und daß diese Revolution in der französischen, also gleichzeitig mit der Entwickelung der deutschen Philosophie, über sich
selbst hinausgegangen sei. — Ließ mich schon der Schmerz nicht
ruhig bei der Geistesfreiheit stehen bleiben, so kam ich nun durch
die Einsicht in das Wesen der französischen Revolution und ihres
Verhältnisses zur deutschen zu einem positiven Fortschritte. War
mir schon früher das Wesen der Freiheit in der Religion aufgegangen, so trat mir dasselbe nun auch auf seinem eigensten Gebiete
entgegen. Ich sah die Blüthe der Geistesfreiheit: die bewußte,
freie That. Trieb mich aber schon die Liebe aus meinem eigensten Gebiete, aus der Geistesfreiheit heraus, so mußte es mir hier,
in dem eroberten Gebiete der freien That, um so leichter sein, deren Grenzen zu erkennen und zu überschreiten. — Schon die Ana-
logie zeigte mir, daß die französische Revolution erst der Anfang
der freien That, wie die deutsche Reformation der Anfang der
Geistesfreiheit war, welche ja erst in der deutschen Philosophie
zum Abschluß gekommen ist. — Bei einer näheren Betrachtung
der französischen Revolution fand sich denn auch wirklich, daß sie
nur die Principien, das ganz Allgemeine der freien That ins Leben führte. Jetzt erst fangen die concreten Folgen dieser Revolution zu wirken an, dadurch, daß sich die thätige Freiheit auf die
geistige, und diese wiederum auf jene bezieht. In der Wechselwir-
kung der deutschen und französischen Freiheit besteht die wesentliche Tendenz der Gegenwart! — Aber hier angelangt hat
das Bewußtsein durch die Erkenntniß dessen, was bisher mit ihm
vorgegangen ist, schon eine zu große Reife erlangt, als daß es
nicht der Geschichte vorauseilen sollte, und indem ich mich bemühte, die freie That (das vierte Capitel) auszuführen und abzuschlie-
ßen, wurde ich eben dadurch über dieselbe hinausgetrieben. Das
einmal angeregte Bewußtsein von der Bewegung in der Geschichte
kommt, wie diese selbst, nicht eher zur Ruhe, bis das wirkliche
Ziel errungen ist, in welchem das Ganze von seinem Anfange bis

zu seinem Ende sich zusammenschließt und abrundet. Auf diese
Dialektik des Geistes hat das verständige Raisonnement, welches
in seiner suffisanten Ruhe über die Abwege und Irrungen der
Speculation lächelt, durchaus keine Macht. Denn die Specula=
tion weiß diesen Indifferentismus, der von nichts afficirt wird,
weil er todt ist, — der weder den Schmerz, noch die Seligkeit der
intellectualen Liebe kennt, gehörig zu würdigen. Wie sich das spe=
culative Bewußtsein bei der Geistesfreiheit nicht beruhigen, sondern
aus ihr heraus zur freien That, zur sittlichen Freiheit fortschreiten
muß, ebenso kann es auch bei dieser nicht stehen bleiben. Zwar
ist die sittliche That Selbstzweck und befriedigt, beseligt, auch ganz
abgesehen von ihren Folgen. Aber auch die Geistesfreiheit ist
Selbstzweck, — wie überhaupt jedes Ding seine positive Seite hat.
Diese kann jedoch die Negation von ihm nicht abhalten. So
sehen wir jeden Augenblick in der Natur, wie im Geiste, positive
Schöpfungen, welche die Göttlichkeit ihres Ursprunges als Wahr=
heit oder Schönheit manifestiren, auftauchen und zu Grunde gehen.
Aber nicht das Positive, sondern nur seine Einseitigkeit, Besonder=
heit, also nur das Negative, wird an diesen Manifestationen Got=
tes negirt. Wir sehen diesen Proceß, in welchem die Vernunft
über das einseitige Verständniß zu Gerichte sitzt, am Kleinsten, wie
am Größten. Das Allumfassende, das Einige hält dem Einseiti=
gen und Besondern immer sein Gegentheil vor, und erregt so Col=
lisionen, Widersprüche, Zweifel, die nicht der endliche Verstand,
sondern die ewige Vernunft allein zu lösen, wie zu erregen ver=
mag. — Es hieße jedoch tauben Ohren predigen, wollte man die=
sen dialektischen Proceß den sogenannten Verstandesmenschen klar
machen, und an wie vielen Beispielen man ihnen auch die Sache
erklärt, bei jedem neuen concreten Fall werden sie sich immer von
Neuem in ihrer einseitigen Auffassungsweise befangen zeigen. So
ist eben hier die sittliche That sowohl als die Geistesfreiheit aller=
dings Selbstzweck und insofern ein Positives, Bleibendes, auch

dann noch, wenn ihre Besonderheit negirt ist und beide zu Momenten eines größern Ganzen herabgesetzt sind. Jedoch kann man bei der sittlichen That so wenig, als bei der Geistesfreiheit stehen bleiben, weil sie von ihren Folgen, welche allerdings von ihnen selbst verschieden und insofern ihnen äußerlich sind, nicht so getrennt werden dürfen, daß sie in dieser Trennung beharren. Die sittliche That darf sich eben so wenig gegen ihren praktischen Nutzen indifferent abschließen, als umgekehrt dieser letztere jener erstern gegenüber; vielmehr sind Religion, Sitten und Gesetze, — Geist, Wille und Handlung, — wie Wurzel, Blüthe und Frucht, wesentliche Bestandtheile eines größern Ganzen, und bilden nur in ihrer Vereinigung ein Vollendetes. Die Frucht der freien That gehört allerdings erst unserer Zukunft an, und wir Gegenwärtigen müssen die That lieben, wenn auch ihre Frucht noch unsichtbar ist. Wie es aber schon in der Natur der freien That überhaupt liegt, daß ihr Schöpfer, der Mensch, an die guten Folgen derselben wenigstens glaube, eben so natürlich ist auch das Bestreben, diesen Glauben zur klaren Erkenntniß zu gestalten. Dieses Bestreben wird sich in dem Maße steigern, je freier die That, d. h. je ausgebildeter das Bewußtsein wird, welches eben so sehr subjectiv die Wurzel, wie objectiv die Frucht derselben ist, — und so wird denn die Vollendung der freien That auch ihr Ende, der Anfang ihrer Frucht. — Auf diese Weise ist das letzte Capitel, welches der Zukunft der freien That, der politisch=socialen Freiheit gewidmet ist, aus dem vorhergehenden entstanden. — Wie die deutsche Freiheit von der französischen ergänzt wurde, so werden diese beiden nach ihrer vollendeten Vermittlung wiederum von einer britten ergänzt, welche in England bereits im Keimen begriffen ist. Das speculative Bewußtsein kann zwar nur das Princip, das Allgemeinste dieser Freiheit erkennen; denn das Voraussehen von Einzelheiten, wo es nicht, wie bei der Prophetie, als ein ursprüngliches auftritt, ist ein blo=

ses Träumen und subjectives Spiel der Phantasie. Aber obgleich
die Speculation zunächst nur das Allgemeinste erkennt, so kann
sie doch aus diesem ableiten, was nothwendig daraus folgt,
und hierdurch kann sich ihr Wissen von der Zukunft eben so concret gestalten, als ihr Wissen von der Vergangenheit; denn am
Ende bildet ja doch nicht das äußerliche Erfahren von Begebenheiten das speculative Wissen der Vergangenheit, sondern die Erkenntniß vom nothwendigen Zusammenhängen des scheinbar Zufälligen, die Erkenntniß vom Allgemeinen in den Besonderheiten,
von der Einheit in der Verschiedenheit, von der aller Wirklichkeit
und Weltlichkeit zu Grunde liegenden Wahrheit und Göttlichkeit,
— dieses ist das speculative Wissen, und dieses kann eben so vor,
wie nach der äußerlichen Begebenheit erkannt werden. Das wirkliche Geschehen des Erkannten ist in der Speculation, wie in der Prophetie nur ein Secundäres. Das Primäre ist hier wie dort
das Wissen von dem Geschehenden, und wenn das speculative
Erkennen oder das prophetische Schauen ein wahres ist, so muß
sowohl die zukünftige, wie die vergangene Geschichte mit dem Erkannten übereinstimmen. —

Nachdem ich aber auf die angegebene Weise die Freiheit in
Religion, Sitten und Gesetzen der Neuzeit entwickelt hatte, fand
ich, daß dieser Darstellung das negative Moment, die eigentliche
Ursache ihrer Geburt fast gänzlich abging. Der Schmerz ist das,
was den Autor zur Production, wie den Leser zum Aufmerken
treibt. Ohne dieses Negative fehlt jeder Arbeit der vorwärts trei-
bende Stachel, das Spannende. Zwar verschmähte ich die von
den modernen Philosophen bis zum Ueberdrusse angewandte und
daher abgenutzte dialektische Methode ihres Meisters, welche keinen
Gedanken ausspricht, ohne erst mit ihm, wie die Katze mit der
Maus, zu spielen, — ein in der That leichtes Kunststück, das jedoch aus dem einmal schal Gewordenen nicht wieder etwas Pikan-
tes machen kann. Wenn aber die dialektische Methode nicht bis

ins Einzelne und Kleinliche festgehalten werden darf, so wird sie
doch im Ganzen und Großen stets die richtige bleiben, und nicht
ihren Gebrauch überhaupt, sondern nur die bisherige Weise dessel=
ben glaubte ich verlassen zu müssen. — Das in den drei letzten
Capiteln versöhnte Europa mußte vorher in seiner Zerfallenheit
dargestellt werden, — das Versöhnungsbedürfniß muß der Ver=
söhnung vorangehen. — Ohne kleinliche Rücksicht zeigte ich daher
erst den Differenzpunkt zwischen Vergangenheit, Gegenwart
und Zukunft. Ohne Schonung riß ich die Pflaster von der gro=
ßen, klaffenden Wunde, damit Jeder sehe und sich überzeugen
möge, wie sehr uns Versöhnung noththut. Die Quacksalber,
welche die Wunde nur zudecken, aber nicht heilen wollen, schreien
zwar in die Welt hinein, es habe mit der Herzenswunde der Ge=
genwart nichts auf sich, es sei pure Hysterie und Affectation von
der alten Jungfer Europa, wenn sie über Schmerz klage, — und
die Charlatans schreien so laut und so unermüdlich, daß die, welche
nicht gewohnt sind, mit eignen Augen zu sehen, es ihnen am Ende
auch glauben. — Doch hier bei uns möchte wohl der angelernte,
stereotype Schulwitz unserer Kritiker am unrechten Orte und daher
ohne Wirkung auf das große Publicum sein. Hier wird nicht
poetisch geklagt, — hier hat der kalte Verstand allein das Wort!
Freilich soll er es nicht behalten, und wir bleiben nicht philoso=
phisch, wie manche Andere poetisch, in der „Zerrissenheit" stecken.
Aber alle Versöhnung ist doch bis jetzt nur eine ideale, und wer
sie schon als eine reale ausposaunt, lügt mindestens eben so sehr,
wie Jene, welche einen idealen Schmerz erheuchelt haben. — Nir=
gend, in keinem Gebiete ist noch die Versöhnung eine reale! Aber
nehmen wir auch an, daß die Geistesfreiheit schon eine reale, der
Gegensatz von Staat und Kirche real versöhnt sei, ja noch mehr,
daß auch die sittliche Freiheit real vollendet, der Gegensatz von
spiritualistischer und materialistischer Sitte objectiv aufgehoben sei,
so muß doch die Versöhnung des Realsten auch vom größten

Optimisten geläugnet werden; der Gegensatz des Pauperismus und der Geldaristokratie ist nicht nur noch vorhanden, nicht nur noch unüberwunden, sondern er hat noch nicht einmal die Revolutionshöhe erreicht, obgleich er schon fühlbar genug ist. Wie kann aber von einer objectiven Versöhnung die Rede sein in einer Welt, die uns noch auf der einen Seite den wuchernden Reich=thum, auf der andern das in seinem Blutschweiße sich aufzehrende Elend zeigt! —

Aber so wenig die darzustellende europäische Wiedergeburt und Weltversöhnung mit ihrem Gegentheil enden darf, eben so wenig darf sie auch damit beginnen. Anfang und Ende müssen das versöhnende Element enthalten, so zwar, daß es im Anfange als unaufgeschlossenes Princip, am Ende aber als concrete Ge=stalt mit seinem entfalteten reichen Inhalte vor uns stehe. — Dem Theile, welcher Europa in seiner Zerfallenheit darstellte, mußte noch ein andrer vorhergehen, welcher Europa in seiner Ganz=heit zeigte. Die Geschichte selbst ist nach dieser Methode verfah=ren, indem sie die Katholicität der Kritik vorherschickte, diese letz=tere aber in die Speculation übergehen ließ. Die Katholicität ist die Einheit des römisch=germanischen Europas, aber diese in ihrer ersten unaufgeschlossenen Allgemeinheit, die den in ihr verborgenen Dualismus von weltlichem (römischem) und geistigem (germanischem) Elemente erst ganz entfalten mußte, um eine wirk=liche Versöhnung zu Stande zu bringen. Dieser Entfaltung des Dualismus ging aber ein „tausendjähriges Reich" vorher, in welchem wir das römisch=germanische Europa in seiner ersten Einheit erblicken, — jenes „heilige römische Reich," das eben so sehr ein heiliges germanisches war. Dieses römisch=germanische Europa ist also das Erste; es ist zunächst der noch unaufgeschlos=sene lebensfähige Keim der Neuzeit. Dieser Keim wurde aber, nachdem er verwest war, lebendige Wurzel; er trat ins Leben, nachdem Napoleon, dieser westliche Attila, das selig entschlum=

merte heilige römische Reich ins Grab gesenkt hatte. Die Neu=
zeit konnte erst auf den Trümmern des Mittelalters, wie die=
ses auf den Trümmern des Alterthums sich erheben. Das
römisch=germanische Europa, wie es im ersten Capitel dar=
gestellt wird, ist somit der Keim, der nach seiner Verwesung
lebendige Wurzel geworden. Das Letzte und Höchste des ab=
soluten Idealismus, der concrete Begriff des Daseienden ist das
Erste der Philosophie der That. Aber dieses Erste ist nicht, wie
jenes Letzte, einfache „Er=Innerung" des Gewesenen und Ver=
westen, sondern eben so sehr lebensfähiger Keim des Zukünftigen, —
nicht bloß die entseelte „Schädelstätte" des absoluten Geistes,
sondern auch die wiedergeborne Seele seiner Thaten.

Erstes Capitel.

———

Das römisch-germanische Europa in seiner Ganzheit.

„Seid vollkommen, wie Euer Vater
im Himmel vollkommen ist."
Christus.

———

Inhalt.

Europa umfaßt außer den fast unvermischten germanischen Nationen auch noch jene, welche vormals zum römischen Weltreiche gehörten und erst seit der Völkerwanderung mehr oder weniger mit germanischem Blute vermischt wurden. Das römisch-germanische Europa ist ein historisch wie geographisch gegliederter Organismus, dessen beide Seiten von Deutschland und England repräsentirt werden, und dessen Mittelglied Frankreich ist. Von den unvermischten germanischen Stämmen, als von seinem Geiste geht das europäische Leben aus. Frankreich und die romanischen Völker stehen da als Vermittler des germanischen und römischen Lebens. England endlich, und was zu ihm gehört, manifestirt das römisch-germanische Europa nach Außen und in die Zukunft hinein. — Diese ganz allgemeine Definition der geographischen Gliederung genüge einstweilen; die vollständige Entfaltung derselben wird sich eben so, wie jene der historischen Gliederung, erst am Ende ergeben. — Was nun die historische Gliederung betrifft, so machen wir zunächst darauf aufmerksam, daß unter Europa Zweierlei verstanden wird. Es ist einmal das, was im Gegensatze zu Amerika die alte Welt, — im Gegensatze zur antiken, classischen und heidnischen die moderne, romantische und christliche Welt genannt wird. Dann aber ist auch, wie wir wissen, nebst Amerika, Europa ebenfalls Träger einer Neuzeit, welche von der eben genannten modernen oder eigentlich mittlern Zeit wohl unterschieden werden muß. Diese letztere beginnt schon, wenn wir ihren innersten Keim ins Auge fassen, mit dem Christenthum, welthistorisch mit der Völkerwanderung; jene hingegen fängt frühestens mit der deutschen Reformation, welthistorisch aber erst mit der französischen Revolution an. — Europa ist ein Kind der „ewigen Roma," und darin gleicht es seiner Mutter, daß es wie diese einen Januskopf hat, der vor- und rückwärts, in die Vergangenheit und in die Zukunft hinein schaut. — Im Allgemeinen läßt sich wohl sagen, wie das heidnische Rom zum apostolischen, so verhält sich das mittelalterliche Europa zum wiedergebornen, zur Neuzeit, — obgleich dieses letztere Verhältniß, mit jenem erstern verglichen, fast als ein umgekehrtes erscheint; denn das heidnische weltliche Rom ist ein apostolisches, geistliches geworden, wohingegen das katholische Europa zwar kein heidnisches, wohl aber aus einem geistlichen oder kirchlichen ein staatliches, lebendiges geworden ist. — Dieses ist wichtig und muß beleuchtet werden.

Das römisch-germanische Europa ist nicht, wie das antike Rom, von Außen, sondern von Innen, aus sich selbst heraus verjüngt worden. Das antike Rom bedurfte zu seiner Metamorphose, weil sie keine eigentliche Regeneration, sondern ein völliger Umschlag war, fremder Elemente; aus sich selbst heraus hätte das antike Rom nicht zu seiner Metamorphose gelangen können. Es mußte einerseits von den Aposteln, welche aus Judäa kamen, anderseits von den Söhnen Germaniens ganz und gar überwunden werden. Denn es wurde, wie gesagt, das Gegentheil von dem, was es war: aus einem heidnisch-weltlichen ein apostolischgeistliches. — Europa hingegen bedurfte keines fremden Elements zu seiner Verjüngung, da das mittelalterliche nicht ruinirt, sondern im eigentlichen Sinne nur regenerirt werden mußte. Die Bedingungen zu dieser Regeneration brauchten nicht von Außen, sondern nur aus ihm selber genommen werden. Das antike Rom, das nur der Aeußerlichkeit, dem Heidenthume zugethan war, ging an seiner Einseitigkeit, das mittelalterliche Europa ging an seinem Dualismus zu Grunde. Jenes konnte nur durch ein Anderes, indem es in sein Gegentheil umschlug, dieses nur durch sich selber, indem es den innern Zwiespalt zur Einheit brachte, metamorphosirt werden. Die Germanen, indem sie Rom überwanden, nahmen das römische Element in sich auf, wodurch ein innerer Widerspruch, ein Dualismus entstand, der zur Verjüngung trieb. Weil dem antiken Rom, wie später der griechischen (östlichen) Kirche, dieser Dualismus fehlte, war es, wie diese letztere noch heute, zu einer Verjüngung aus sich selbst heraus unfähig. Die römische (westliche) Kirche aber, mit allen ihren Tugenden und Lastern, trug den Keim der Wiedergeburt in sich. Nur das römische und germanische Element vereinigt konnten jenes heilige römische Reich ins Dasein rufen, welches man mit Recht mit dem heiligen jüdischen Staate verglichen hat. Hier wie dort erblicken wir einen Kampf der geistlichen und weltlichen Macht, nur mit dem Unterschiede, daß die Verhältnisse umgekehrte waren: die Glanzperiode des jüdischen Staates beginnt mit der Culmination der weltlichen Macht, mit dem König David, jene der christlichen Kirche aber mit der Culmination der geistlichen Macht, mit dem Papste Gregor **VII.** — Es war nichts Zufälliges oder Willkürliches, daß das mittelalterliche, christliche Europa dem antiken, jüdischen Staate nachgebildet wurde, noch weniger darf ihm dieses welthistorische Factum, dem wir unsere Erlösung verdanken, zum Vorwurfe gemacht werden. Hätte das römisch-germanische Europa nicht, wie das Judenthum, den Ge-

genſatz von Innerlichkeit und Aeußerlichkeit in ſich getragen, ſo
wäre es zwar in ſeiner erſten Schöpfung, der katholiſchen Kirche,
nicht ausgeartet, aber auch nicht in einer zweiten verjüngt wor=
den; es würde, wie der Oſten (die griechiſche Kirche), weder ge=
ſtorben, noch auferſtanden ſein. Nur wo Gegenſätze walten, iſt
Leben, Kampf, Tod, Auferſtehung, Ewigkeit. Alles Einſeitige
geht entweder, von einem Andern überwältigt, zu Grunde, oder
was noch ſchlimmer iſt, es erſtarrt in ſeiner Einſeitigkeit und ver=
ſchwindet ganz allmälig in einem langweiligen Proceſſe inne=
rer Verfaulung bis auf ſein Knochengerippe.

Das germaniſche Element vergeiſtigte das Leben, das römi=
ſche verweltlichte den Geiſt. Dieſer Dualismus hat viel Unheil
geſtiftet, aber er hat uns vorwärts getrieben. Nicht nur ver=
ſchafften die Conceſſionen, welche die römiſche Kirche dem Heiden=
thume, der Aeußerlichkeit und Sinnlichkeit machte, dem Chriſten=
thume Eingang, ſondern ihre weltliche Politik überhaupt ſicherte
ihm ſeine Herrſchaft in Europa. Pedanten meinen zwar ſehr ge=
lehrt, dieſe Herrſchaft ſei eben keine geiſtige, ſondern eine weltliche
geweſen. — So könnte man auch ſagen, die Macht des Czars
von Rußland ſei keine weltliche, ſondern eine geiſtige, da ja
bekanntlich der an Anbetung grenzende Reſpect des Ruſſen vor
ſeinem Czar das wahre Fundament des Czarenthums bildet.
In der That iſt weltliche und geiſtliche Macht weſentlich nie und
nirgend getrennt. Wohl finden wir hier das Weltliche in die
Erſcheinung treten, das Geiſtliche zu Grunde liegen, während
dort umgekehrt das Geiſtliche in die Erſcheinung tritt und das
Weltliche zu Grunde liegt. Aber ſo viel iſt gewiß, wo einmal
das Eine ganz negirt worden, da verſchwindet auch das Andere
bald, indem es ſeinen Stützpunkt verloren hat. — Die Herrſchaft
der weſtlichen Kirche über das mittelalterliche Europa war weder

eine geistliche noch weltliche, sondern, wie jene des Czars von Rußland, eine absolute. Da aber die Form ihrer Herrschaft keine politische, sondern eine religiöse war; da dieses letztere Moment in den Vordergrund trat, während jenes nur im Hintergrunde wirkte: so war allerdings die Macht, welche Europa beherrschte, keine politische, weltliche Staatsmacht, sondern eine religiöse, geistliche Kirchengewalt. Auch hätte diese Kirchengewalt, sofern sie eben Einheit von Religion und Politik, von Innerlichkeit und Aeußerlichkeit war, keinen Widerspruch hervorgerufen, wären nicht die beiden Momente aller Macht in der westlichen Kirche, wie im jüdischen Staate, eben zur Zeit ihrer Culmination auseinander gegangen. Wo die Einheit keine bloße Einseitigkeit und Einerleiheit ist, da sehen wir immer, daß sie zur Zeit ihrer Blüthe die Momente, aus welchen sie besteht, frei aus sich heraustreten läßt. Dieser Proceß, der überall, in der natürlichen, wie in der geistigen Welt, das Leben bedingt, hat sich in der westlichen Kirche und im jüdischen Staate auf eine glänzende Weise bewährt. Beide hatten sie ein innerliches und äußerliches, ein intensives und extensives Leben. Beide entfalten diesen Dualismus zur Zeit ihrer höchsten Blüthe. Hier ist das intensive Element das germanische, das extensive aber das römische. Dort wird das intensive Leben durch Rehabeam und Judäa, das extensive durch Jerobeam und Israel repräsentirt. Das extensive Moment des Judenthums, Israel, hatte sich vom intensiven Judäa losgesagt, weil dieses während der Blüthezeit des jüdischen Staates in seiner Herrschaft extrem wurde. Umgekehrt hatte sich im heiligen römischen Reiche das intensive Element, das germanische, vom extensiven römischen losgesagt, weil dieses während der Blüthezeit der westlichen Kirche in seiner Herrschaft zu weit gegangen war. — Nach diesen Zerwürfnissen stehen Alterthum und Mittelalter nicht mehr so regelmäßig, wie bis dahin, aber wesentlich noch immer in einem umgekehrten Verhältnisse. Denn nun sehen wir im jüdischen Staate das abgefallene Element zu Grunde gehen. Israel verschwindet vom Schauplatze der Geschichte, ohne Früchte getragen zu haben. — Das Extensive, vom Intensiven getrennt, hat seine Seele verloren. — Nicht so die intensive germanische Welt, welche sich in neuerer Zeit, nachdem sie das römische Element in sich aufgenommen hatte, von der Vormundschaft der Kirche emancipirte. Obgleich schon der Katholicismus das Germanische und Römische in sich vereinigte, so war doch diese erste Einheit noch nicht die wahre, bewußte freie, weshalb sie grade zur Zeit ihrer Culmination auseinanderging. Wo das germanische Element vorherrschte, lehnte man sich gegen die Verweltlichung des Geistes auf. Der Abfall im heiligen römischen Reiche war aber nicht, wie in der analogen Periode des heiligen jüdischen Staates, ein Verfallen aus einem Extrem in das andere. Der Geist wurde in Deutschland von der herrschsüchtigen Kirche emancipirt. Aber diese Emancipation war weit entfernt von einer Negation des römischen Elements, welches vielmehr die Ueberwinder Roms nunmehr in sich aufgenommen hatten. Die Reformation war der erste Schritt zur Verwirklichung des christlichen Ideals, das erste Signal vom Siege Christi.

Man muß zwischen Anfang und Ende der westlichen christlichen Kirche unterscheiden. So augenscheinlich dieser Unterschied, so dunkel und verwirrt ist doch noch sein Begriff. — Der Sieg der Innerlichkeit über die Aeußerlichkeit, wie er sich zuerst in Palästina, sodann in Rom manifestirte, war noch nicht der positive Sieg Christi. Das im Heidenthum schon vom Anfange an, im Judenthum seit Jerobeam abgefallene extensive Element mußte allerdings, weil es einseitig war, am Ende zu Grunde gehen. Aber es ging durch seine eigene Schwäche, weil ihm eben das Princip einer längern Lebensdauer fehlte, zu Grunde. Die zur selben Zeit in den Vordergrund getretene Innerlichkeit war im Anfange nichts mehr, als die andere Seite, der Gegensatz der Aeußerlichkeit, und eben so einseitig, wie diese. Dieses der Anfang. Man kann diesen Anfang der Herrschaft der Innerlichkeit keinen positiven Sieg über die Aeußerlichkeit nennen, denn es war nichts zu überwinden da. — In ihrem Anlaufe war die Innerlichkeit ganz passiv; erst in ihrem Verlaufe, als sie in ihrer Einseitigkeit eben so viel Blößen, wie einst ihre Gegnerin gab, und eben dadurch diese ihre alte Feindin, die Aeußerlichkeit, wieder heraufbeschwor, entstand ein Kampf; erst im Verlaufe dieses Kampfes erfolgte allmälig der wahre Sieg Christi, die positive Ueberwindung der Aeußerlichkeit. — Dieser Sieg ist daher nicht nur vom Anfange, sondern auch vom Verlaufe der christlichen Kirche zu unterscheiden. Der Unterschied zwischen Anfang und Verlauf ist so eben gezeigt worden; jener zwischen Verlauf und Ausgang ist eben so groß und wichtig. Der Verlauf der christlichen Kirche stellt den Kampf der Innerlichkeit und Aeußerlichkeit dar. Wie aber der Sieg vom Kampfe, so unterscheidet sich der Verlauf der christlichen Kirche von ihrem Ende. Kampf ist noch Verfolgung, Sieg aber ist Aufnahme; jener ist Negation, dieser ist Position des Siegers im Andern; Sieg ist Friede. — Das germanische Element, als das active, hat zum Siege, wie zum Kampfe, zur Weltversöhnung, wie zum Weltzerwürfnisse, den ersten Schritt gethan. Aber die deutsche Reformation war, wie gesagt, das erste Signal vom Siege Christi, von der beginnenden Herrschaft des heiligen Geistes. Die deutsche Reformation ist der Anfang des Endes.

Nur im heiligen römischen Reiche, nur in der westlichen Kirche kann von einem Siege Christi die Rede sein. Der Osten, als einseitiger Repräsentant der Innerlichkeit, hat überhaupt keine Geschichte, daher auch keine Kirchengeschichte. — Wir haben hier noch nicht die östliche Stabilität überhaupt, sondern nur wiefern

ste als griechische Kirche hervortritt, zu betrachten. — Es ist so
eben gesagt worden, daß der Anfang der christlichen Kirche weni=
ger ein Sieg über die Aeußerlichkeit, als deren Gegensatz war.
Nur da, wo die Innerlichkeit als germanisches Element mit dem
römischen in Collision kam, nur im Westen erfolgte im Verlaufe
der Kirchengeschichte ein positiver Sieg Christi. Im Osten dage=
gen, wo kein Kampf stattfand, ist die Innerlichkeit in ihrem er=
sten Stadium stabil geworden, und noch heute steht die griechische
Kirche wesentlich auf der Stufe, wo das Christenthum überhaupt
in seinem Anfange stand, auf der Stufe der Passivität und ab=
stracten Innerlichkeit. — Der Gegensatz von intensivem und exten=
sivem Leben tritt uns schon im Alterthume als Juden= und Hei=
denthum entgegen. Wir werden ihn später als den Gegensatz
überhaupt von Ost und West kennen lernen, und ihn in dieser
welthistorischen Form durch die ganze Geschichte der Menschheit
hindurchführen. Aber erst die neue Geschichte, die eigentliche
Weltgeschichte, wird uns auf diese Betrachtung hinführen. Im
Mittelalter dagegen tritt uns die östliche Stabilität nur als
griechische Kirche entgegen. Der Gegensatz von griechischer und
römischer Kirche hat demnach einen tieferen Ursprung, als die
Streitigkeiten über das Osterfest, oder die Spitzfindigkeiten über das
Ausgehen des heiligen Geistes. Die griechische Kirche ist die
Kirche des Anfangs, der passiven Ruhe, der einseitigen Innerlich=
keit; die römische dagegen ist die geschichtliche, kämpfende, duali=
stische. — Die Ursprache der Evangelien zeigt uns, wo der An=
fang der christlichen Kirche zu suchen sei. — Mit der Theilung
des römischen Reiches tritt für das Mittelalter der Gegensatz von
Anfang und Fortgang, von Ruhe und Bewegung, von Ost und
West in die Erscheinung. Das westliche Rom, das an sich nur
die Aeußerlichkeit repräsentirte, wurde vom intensiven germanischen
Leben durchdrungen. Dagegen wurde dem östlichen Reiche durch
die Völkerwanderung kein neues Element gebracht; es selbst war

schon an sich ursprünglich Repräsentant der Innerlichkeit. Ohne Dualismus aber konnte auch hier jener Kampf nicht entstehen, der den Westen vorwärts stachelte, — und noch heute sehen wir im Osten die christliche Kirche ohne wesentliche Metamorphose als Kirche des Anfangs fortvegetiren. Hier kann daher von einem Siege Christi keine Rede sein*). Der Osten ist der Boden, von dem das Christenthum ausging; aber fortgeschritten ist hier die Kirche nicht. Ein vollkommen geschichtliches, bewegtes, kämpfendes uud siegendes ist nur das römisch-germanische Europa, weil es ein dualistisches ist; der östlichen, griechischen, slavischen, wie der orientalischen Welt überhaupt, fehlt zum Fortschritte ihr Gegentheil, weshalb hier das intensive Leben kein actives geworden. Nur die Germanen haben sich in den Kampf begeben, sind über sich selbst hinausgegangen, und sie allein sind es, durch welche Christus einen wahrhaften Sieg feiert.

Das fromme religiöse Deutschland, dem es so sehr um den Namen eines „heiligen römischen Reiches" zu thun war, würde es nicht gewagt haben, sich gegen die römisch-katholische Kirche zu empören, wenn es sich nicht selbst christlich genug gefühlt hätte, um auch ohne Rom ein heiliges Reich bilden zu können. Der Geist, der sich in Europa der Herrschaft der römischen Kirche widersetzte, war kein einseitiger, abstracter, dem Leben feindlicher Geist, wie jener, der im Anfange, als die Aeußerlichkeit abstarb, als Gegensatz derselben in den Vordergrund trat. Es war vielmehr, wenn auch noch nicht in seiner vollen Correctheit, wohl aber der Anfang des heiligen Geistes der Wahrheit und Wirklichkeit, der nur gegen den Schein des Lebens, sowohl gegen die ab-

---

*) Hegel hat diese Bedeutung der östlichen Kirche in seiner Charakteristik des byzantinischen Reichs (Phil. d. Gesch., S. 351) dunkel ausgesprochen in den Worten: „die Hauptpunkte der christlichen Religion werden endlich nach und nach durch die Concilien festgesetzt; die Christen des byzantinischen Reiches blieben aber in dem Traume des Aberglaubens versunken, im blinden Gehorsam gegen die Patriarchen und die Geistlichkeit verharrend."

stracte Geiftlichkeit, als gegen die abstracte Weltlichkeit zu Felde
zieht. Dieser Geist hat sich zuerst in Deutschland manifestirt.
Nachdem jedoch das Germanische diesen wahrhaften Sieg über
das Römische davon getragen, nachdem es, mit andern Worten,
dieses letztere in sich aufgenommen hatte, wurde eben dadurch auch
das römische Element von seiner Einseitigkeit emancipirt, — und
nicht lange nach dem ersten Signale vom Siege Christi erfolgte
das zweite, die französische Revolution. Diese Revolution, die
so wenig eine dem Geiste, als die deutsche eine dem Leben feind=
liche war, hat vielmehr das christliche Ideal, die Weltversöhnung
wieder um einen so beträchtlichen Schritt weiter gefördert, daß
man fast sagen kann, mit ihr wurde der Sieg Christi vollendet.
Das römische Element ist durch Napoleon wieder in seine Rechte
eingesetzt worden. Aber das auferstandene Rom hat Germanien
nicht überwältigen können. Im Kampfe des römischen und ger=
manischen Elementes ist am Ende keines von beiden zu Grunde
gegangen. Beide sind vielmehr aus dem Kampfe gesunder als je
auferstanden, und wir sehen sie heute frei und stark, stolz im Be=
wußtsein ihrer Selbständigkeit, sich gegenseitig fördern im Stre=
ben nach einem großen, göttlich=menschlichen Ziele. — Das rö=
misch=germanische Element hat seinen Dualismus überwunden.
Geist und Leben, Wahrheit und Wirklichkeit stehen sich nicht mehr
als Geistlichkeit und Weltlichkeit einander gegenüber. Diese Ein=
heit von Innerlichkeit und Aeußerlichkeit ist aber nicht wie ehedem,
oder wie noch heutiges Tages in Rußland oder China, eine geist=
und leblose Einseitigkeit, — das versöhnte Leben ist vielmehr das
verklärte, welches durch Fall, Kampf, Tod und Auferstehung seine
Freiheit und Ewigkeit, seine Einheit und Selbständigkeit mit sei=
nem Herzblut errungen hat! —

Europa ift ein Heiligthum. Entweihet es nicht durch profane Vergleichungen mit Nordamerika. Läftert es nicht durch fchielende Hindeutungen auf Rußland. Europa ift ein Land, wie keines auf Erden! — Wie Chriftus, fein Vorbild, hat es fich für die Menfchheit geopfert. Der Kelch des Leidens war ihm in reichem Maße befchieden. Noch ift es bleich, noch träufelt Blut aus feinen Wunden. — Aber in drei Tagen feiert es feine Auferftehung! Zwei Mal ift bereits die Sonne aufgegangen, feitdem es gekreuzigt worden. Die deutfche Reformation und die franzöfifche Revolution find die beiden erften Auferftehungstage. Noch Ein Tag, wie diefe beiden erften, und vollendet ift der Sieg Chrifti in der Weltgefchichte! — Das römifch=germanifche Europa ift der auserwählte Welttheil, der unter Gottes befonderem Schutze fteht. Ihm wird kein Glied verletzt, kein Haar gekrümmt werden bis zum Ende der Tage. Was der heilige jüdifche Staat dem Alterthum, was das heilige römifche Reich dem Mittelalter war, das wird das römifch=germanifche Europa der Zukunft fein: der Augapfel Gottes, der Mittelpunkt, von wo aus das Schickfal der Welt gelenkt wird. — — Jeder Organismus hat feine intenfive und extenfive Seite. Die intenfive Seite der Menfchheit ift das römifch=germanifche Europa. — Wie aber fchon im Alterthume das in Bezug auf das ausgebreitete Reich der Heiden intenfive Paläftina auch felbft wiederum einen Organismus mit intenfivem und extenfivem Leben darftellte, — wie fodann im Mittelalter, wo das Verhältniß ein umgekehrtes war, das heilige römifche Reich, welches dem öftlichen als extenfives gegenüber ftand, felbft wiederum in ein päpftliches und kaiferliches gegliedert war: eben fo fteht im intenfiven römifch=germanifchen Europa Deutfchland als Allerheiligftes da, auf welches fich die übrigen Länder diefes Welttheils, wie die deutfchen Kaifer auf Rom, wie die Israeliten auf Jerufalem, ftets beziehen müffen.

Europa, wie es fchon im Keime vor uns liegt, ift die con=

crete Erfüllung der christlichen Idee, das Reich Gottes. — Bis
auf das scheinbar äußerlichste Moment wird noch das Reich Gottes auf Erden realisirt werden. Da wird nicht einmal das „neue
Jerusalem" mit seinen Herrlichkeiten fehlen, — die heilige Stadt,
„in welcher kein Tempel, weil der Herr, der allmächtige Gott ihr
Tempel ist." — Aber die sichtbare Außenseite des heiligen Reiches,
die zwar nicht als etwas Aeußerliches, wohl aber als die letzte
Ausschmückung, gleichsam als der Luxus der Idee angesehen werden muß, — soll unsern Blick nicht fesseln; denn wir haben ern-
stere Dinge zu betrachten. — Man hat sich bis jetzt noch nicht
daran gewöhnt, Europa als ein Ganzes, als einen Organismus
anzuschauen, — und doch ist für uns nichts wichtiger, nichts nütz-
licher, als die Anschauungsweise. Oder ist die Einheit Europas etwa eine bloße Phantasie? Hängt Europa, weil es keine
Union, wie die nordamerikanische ist, minder innig zusammen, als
die „Vereinigten Staaten?" Vom Bundestage in Frankfurt a. M.,
der ja ohnehin nur ein deutscher sein sollte, müssen wir freilich
stillschweigen, da er uns überdies durch seine eigne Schweigsam-
keit und sonstige Zeichen dazu aufzufordern scheint. — Auch von
der verschollenen heiligen Allianz kann keine Rede mehr sein. —
Es waren vielleicht gutgemeinte Anfänge; jedenfalls zeigen sie
schon von einem erwachten Bewußtsein der Einheit. — Ist aber
eine gemeinsame Geschichte, sind die allen Europäern gemeinschaft-
lichen Freuden und Leiden nicht mindestens ein eben so starkes
Band, als jenes bis jetzt noch äußerliche, das in Nordamerika die
verschiedensten, einander fremdesten Individuen vereinigt? —
Europa sollte weniger zusammenhängen, als Nordamerika, —
Europa, da es von einem Ende bis zum andern freudig und
schmerzlich mitfühlt, wenn das unbedeutendste Glied in seinem
Organismus gefördert oder gehemmt wird, — Europa, dessen
Augen vor Begeisterung glühten, als das entschlummerte Frank-
reich von **1789** im Jahre **1830** plötzlich wieder erwachte, —

Europa, deſſen Antlitz ſchon zornmuthig erröthet, wenn ein „ſtumpfnüſtriger" Slave von ruſſiſcher Abhängigkeit nur träumt? — Wahrlich, Europas Bevölkerung fühlt ſich nicht nur einiger, als jene Nordamerikas, die nur durch ein todtes Geſetz verbunden, ſondern auch als jene Rußlands oder Chinas, die nur durch ein ſorgfältiges Abſchließen gegen die Fremde einig bleiben kann! — Europa braucht weder durch Ein Geſetz, noch durch Eine Regierung, noch durch Einen Glauben, noch durch irgend einen äußerlichen Zwang gefeſſelt zu werden, um ſich einig und ſtark zu fühlen. Denn es iſt durch ſeine Geſchichte und Cultur, die es über alle Reiche der Erde erhebt, verbunden und mächtig genug. — Wohl geht die europäiſche Bevölkerung obenhin auseinander, und wird in ſo fern durch verſchiedene Staaten und Kirchen repräſentirt; aber weſentlich ſtehen ſich die Völker Europas ſchon ſo nahe, daß es nur eines wirklichen Zerfalles jener obern und oberflächlichen Mächte, jener äußern und äußerlichen Politik und Religion bedürfte, um die innere Einheit der europäiſchen Völker ins Leben zu führen. Ein allgemeiner europäiſcher Krieg würde unzweifelhaft einen allgemeinen europäiſchen Bund hervorrufen!

Das Reich Gottes iſt vor Allem das Reich des Friedens. Wo aber der Friede ein ewiger ſein ſoll, da muß er durch langen Kampf, durch viele Schmerzen errungen werden. Noch nicht ganz zu Ende ſind die Schmerzen, aber ſie ſind ihrem Ende nahe. Noch Ein großer, welthiſtoriſcher Kampf, und der ewige Friede wird kein ſchöner Traum, kein frommer Wunſch mehr, ſondern realiſirt ſein. — Sind doch jetzt bei ſo manchen Hemmniſſen, welche der Einigkeit noch im Wege ſtehen, die größten Feindſchaften bereits überwunden! Wem wird's z. B. noch einfallen, der römiſch-katholiſchen Kirche, unſrer alten, ſchwachen Mutter, das Daſein zu mißgönnen, nachdem ſie aufgehört hat, uns zu bevormunden? — Oder wer möchte noch gegen die ci-devant „von Gottes Gnaden" kämpfen, nachdem sie ihre Prätensionen aufgegeben haben und sich als unseres Gleichen betrachten, berufen zu dem schweren Geschäfte des Regierens, wie der Bauer zu dem leichtern des Ackerns und Pflügens? — Oder wer möchte noch deutschthümeln und Frankreich als den „Erbfeind" hassen, nachdem wir Napoleon gestürzt und das römische Element in seine Grenzen zurückgewiesen haben? — Und wer vollends möchte noch die englische Nation eines kleinlichen Krämergeistes beschuldigen, nachdem sie großherzig namhafte Summen zum Loskaufen der schwarzen Sklaven bewilligt hat, — nachdem es anerkannt ist, daß Alles, wessen man bisher England beschuldigte, nicht der Majorität des edlen englischen Volkes, sondern der Minorität einer egoistischen, eiteln und hochmüthigen Aristokratie zur Last gelegt werden muß? — Wo es sich um Humanität, realen Fortschritt handelt, steht heutzutage das englische Volk als Vorkämpfer da. Und wir — die wir dieses praktischen Volkes stets bedürfen, um unsere Ideen zu realisiren, wir sollten ihm unsere Sympathien entziehen? — Man wird England noch so lange schmähen, bis die entscheidende Stunde schlägt, in der wir uns für Rußland, oder England zu erklären haben. Ob wir uns wohl auch dann noch von England abwenden, und ihm ein unfreies Volk vorziehen möchten, welches Europa entadeln und unterjochen will, — wenn es überhaupt einen Willen hatte?! . . . . .

Gewisse Leser werden vielleicht darüber den Kopf schütteln, daß wir das Reich Gottes mit so irdischen Angelegenheiten in Verbindung bringen. Andere werden umgekehrt darüber mißmuthig sein, der Religion so viel Einfluß in der europäischen Politik vindicirt zu sehen, daß diese letztere nur als eine Folge der ersteren erscheint. — Aber die Zeiten Voltaire's sind vorüber; wir wissen zwischen göttlicher Offenbarung und frommem Betruge zu unterscheiden. Anderseits sind nicht minder die Zeiten der kahlen

Abstractionen zu Ende, welche die Religion nicht im Leben, son=
dern in der Idee allein suchten. Achtzehnhundert Jahre irrt be=
reits die europäische Menschheit, ohne recht zu wissen, was sie
will, was sie soll. Nach Erlösung vom Uebel strebt sie, — aber
das Uebel sitzt nicht blos im Geiste. So wenig das Böse über=
wunden und gefangen werden kann, wenn man es nur im Aeu=
ßern sucht und verfolgt, eben so wenig bringt es die abstracte gei=
stige Jagd zu einem glücklichen Fang. Nicht bloß die Sünde, der
innere Zwiespalt, sondern auch der äußere Zwiespalt, das Zer=
würfniß im Leben ist zu überwinden. Freilich muß mit dem Geiste
begonnen werden, freilich muß die geistige Erlösung jeder andern
vorangehen, und es ist ganz in der Ordnung, daß die geistigen
Juden und Germanen erst Rom beerben mußten, bevor die con=
crete römische Kirche, — daß später die deutsche Reformation erst
den Geist emancipiren mußte, bevor die Emancipation der Sitten
und Gesetze ins Leben treten konnte. Wollt Ihr aber, nachdem
die erste Arbeit, die Befreiung des Geistes vollbracht ist, bei ihr
stehen bleiben, — wollt Ihr Euch der Verwirklichung der Gei=
stesfreiheit, der Realisirung der Idee widersetzen, — weshalb habt
Ihr denn den Geist emancipirt? — Wahrlich, Ihr hättet als=
dann besser gethan, ihn im Heidenthume oder im Judenthume
oder in der katholischen Kirche gebunden zu lassen! Ein Geist, der
sich in keiner Weise verleiblichen kann, ist eben so steril und leblos,
als ein entseelter Leib. Ist die politische Freiheit ohne Geistes=
freiheit ein Unding, so ist diese ohne jene mindestens ein eben so
großes. Was wollt ihr mit einer machtlosen Religion? Ist sie
etwa besser, als eine heillose Politik? — Heilig muß die Politik,
thatkräftig die Religion sein, wenn Religion und Politik Glück
und Seligkeit verbreiten sollen.

Das römische Element muß noch viel vom germanischen,
und das germanische noch viel vom römischen aufnehmen. Die
Deutschen müssen bei den Franzosen, und diese bei jenen, beide

aber müssen bei den Engländern in die Schule gehen. Wie sich Protestantismus und Katholicismus zu einander und zur Hoch= kirche verhalten, ebenso verhalten sich Deutschland und Frankreich zu einander und zu England. Hiermit soll England und seine Hochkirche keineswegs als ein Muster von Politik und Religion angepriesen werden. Die, welche schon in den gegenwärtigen englischen Institutionen ein Ideal von religiösem und politischem Socialleben erblicken, sind von der ächten, religiösen Politik weit entfernt. Dennoch ist England mit seiner Hochkirche einen Schritt weiter als Deutschland und Frankreich mit ihrem abstracten Pro= testantismus und Katholicismus. Der mittelalterliche concrete Katholicismus war der erste, die concrete englische Hochkirche der zweite Versuch zur Einigung des Gegensatzes von römischem und germanischem Element, von Innerlichkeit und Aeußerlichkeit. Beide Versuche blieben eben nur Anfangsversuche, nach der einen oder andern Seite hin zu sehr ausschweifend. Manche ähnliche, die in neuester Zeit gemacht wurden, — wir erinnern an den St. Simonismus, — sind schon im Keime mißlungen. Nichts desto= weniger geht die Tendenz der Geschichte noch immer dahin, das römische und germanische Element zu versöhnen. Gelingen kann diese Versöhnung nur durch ein allseitiges Zusammenwirken Deutschlands, Frankreichs und Englands. Von zwei Seiten, von Deutschland und Frankreich, durch die Reformation und Revolu= tion, ist bereits ein mächtiger Anstoß gegeben. Es handelt sich jetzt nur noch darum, diese beiden Tendenzen zusammen zu fassen, die Arbeit zum Abschluß zu bringen. Hierzu scheint England be= rufen zu sein, weshalb unser Jahrhundert vor Allem auf dieses Land sein Augenmerk zu richten hat. England arbeitet gegen= wärtig daran, sich aus seiner Hochkirche und mittelalterlichen Po= litik herauszuschälen, um sich aus dem gewonnenen neuen Kerne einen neuen socialen Lebensbaum anzupflanzen. — Habe ich ge= sagt, wir müssen bei den Engländern in die Schule gehen, so

habe ich das in Bezug auf die englische Tendenz gemeint, die
stets eine praktische war, nicht in Bezug auf die alten, vorliegen=
den Resultate, die mit dem neuen Leben um so mehr collibiren, je
größer ihr Einfluß auf's Leben überhaupt ist. Weil die englischen
Institutionen praktisch sind, eben deshalb treiben sie zum Fort=
schritte, — gerade so wie nur die römisch=katholische Kirche,
weil sie mehr, als die griechische, ins praktische Leben eingriff,
die Reformation hervorrufen konnte. — Eine Reaction ist immer
von einer andern bedingt, und es ist eben kein Zeichen der Schwäche
einer Institution, wenn sie nach Innen und Außen mächtigen
Widerstand hervorruft. Das Unpraktische bleibt unbeachtet und
vegetirt fort, ohne in seinem Traumleben gestört zu werden. —
Das sollten Diejenigen bedenken, die von der Hochkirche und dem
Katholicismus mit Verachtung sprechen. Es ist ein alter Fehler,
daß wir den Splitter im Auge des Feindes bemerken, und im eig=
nen nicht den Balken. Haben wir etwa schon Positiveres, Prak=
tischeres, Lebenvolleres, als den Katholicismus und die Hoch=
kirche in der Religion aufzuweisen? — So vergessen wir denn
doch endlich jeden alten Groll, der uns blind gegen unsere eignen
Vortheile macht! Seien wir überdies nicht ungerecht gegen uns
selbst! Es ist wahr, das mittelalterliche Europa ist dem Tode ver=
fallen, aber es trägt den gesunden Kern zu einem neuen Leben in
sich. Haften wir nicht an der todten Schale, die uns zerstückelt,
indem sie selbst auseinander bricht! Erinnern wir uns stets, daß
wir Alle, ob germanisch oder römisch, ob deutsch, französisch, roma=
nisch, englisch, protestantisch, katholisch, oder hochkirchlich, nur
Eine Familie bilden, deren Glieder, in wie vielen Beziehungen
sie auch auseinander gegangen, doch in viel mehreren und wesent=
licheren verwandt und verwachsen sind!

Aber nicht bloß vor inneren, auch vor äußeren Feinden müssen wir uns bewahren. Wenn wir hier Rußland in seiner feindlichen Stellung zum römisch-germanischen Europa darstellen, so wollen wir das Verhältniß Rußlands zu Europa und namentlich zu Deutschland keineswegs als ein seiner Natur nach ewig gehässiges bezeichnen. Aber es können noch Jahrhunderte darüber hingehen, bis sich Rußland mit der europäischen Bildung ausgesöhnt, befreundet hat, von ihr durchdrungen ist. Bis dahin dürfte es räthlich sein, Rußland zu überwachen. — Man ist gegenwärtig in Lobeserhebungen Rußlands nicht sparsam. Es soll hier nicht in Abrede gestellt werden, daß in der Umgebung des Hofes und in den obersten Schichten der Gesellschaft des russischen Kaiserreichs europäische Bildung, namentlich litterarische, schon ein großes Terrain gewonnen hat. Dieses wird denn auch von uns Deutschen, die wir in Anerkennung fremder Verdienste stets die Ersten sind, nach allen Winden hin ausposaunt. Die deutsche Nation mag vielleicht durch die Wohlthaten, die sie Rußland erzeigt hat, dieses Land besonders lieb gewonnen haben. Dagegen hat sich Rußland als ein sehr undankbarer Schüler erwiesen, und es wäre wohl Zeit, daß auch Deutschland seine Zärtlichkeit gegen seinen Zögling etwas mäßigte. — Es gibt Deutsche, die in ihrer Gutmüthigkeit ohne allen Argwohn und in der besten Absicht sich dem Russenthume widmen. Aber selbst diese bekennen, daß im Slavischen etwas Sklavisches liege, und deuten darauf hin, wie die russische Volksstimmung sich stets nach der höfischen in Petersburg gerichtet habe. — In der gegenwärtigen Tendenz der russischen Regierung liegt aber etwas so Gehässiges, daß wir gegen die heutigen Russen, gegen diese westlichen, eroberungssüchtigen Chinesen, nicht genug auf unserer Hut sein können.

Seitdem wir Rußland gegen die Franzosen zu Hilfe riefen, möchte uns jenes unfreie Volk einreden, wir könnten unsere europäischen Händel ohne seine schiedsrichterliche Dazwi-

schenkunft nicht schlichten. — Nun theilen wir zwar die kindische
Furcht Jener nicht, die sich durch den „russischen Koloß" schrecken
lassen. Der „russische Koloß" ist ein Popanz, ein schwerfälliger,
unbehilflicher Körper, der dem gelenkigen und, wo es Noth thut,
für seine Selbständigkeit begeisterten Europa im offnen Felde
nicht gefährlich werden kann. Das weiß auch Rußland selbst
recht gut, und verdeckt behutsam seine herrschsüchtigen Pläne, in=
dem es vorläufig nur mit Hilfe seiner lockenden Waffe des Friedens
und scheinbar vermittelnd sich in unsere Angelegenheiten eindrängt.
Aber ein solches Richteramt ist ein gefährliches Ding, und am
Ende wird der Schiedsrichter ganz unmerklich zum Oberrichter.
Vergeßt nicht, daß der macedonische Philipp, Rom, Ludwig **XIV.**,
Napoleon u. And. auch nur Schiedsrichter waren! — Riefen
wir noch Ein Mal in unsern Streitigkeiten Rußland zu Hilfe,
so möchte es doch mit unserer Selbständigkeit und Cultur, mit
dem freien Entwickelungsproceß des römisch=germanischen Lebens
gar mißlich stehen. — Daß Rußland Böses im Schilde führt,
ist nicht zu verkennen. Freilich wird das vorsichtige Cabinet von
St. Petersburg sich wohl hüten, voreilige Schritte zu thun. Es
wird nicht zur Unzeit Pläne verrathen, welche nur durch eine völ=
lige Einschläferung Europas ausführbar, dagegen durch Hervor=
rufen einer europäischen Opposition schon im Keime erstickt
würden. — Zunächst geht die Tendenz Rußlands wohl nur da=
hin, in Deutschland mehr Einfluß zu gewinnen, und den euro=
päischen Dreibund überhaupt (Deutschland, Frankreich und Eng=
land) so viel wie möglich zu trennen, weil es wohl weiß, daß die
europäische Selbständigkeit ohne die deutsche; und eben so ohne
die französische oder englische, ein Unding, — der Dreibund aber
unüberwindlich ist. — Wollen wir uns daher die slavischen Ein=
dringlinge fern halten, so müssen wir uns fest miteinander ver=
binden und gegen Rußland abschließen. Hütet Euch vor den
falschen Patrioten! Es war seiner Zeit eine lobenswerthe Gesin=

nung, an das vom römischen bedrohte deutsche Wesen zu appelli=
ren, obgleich man mit Recht über jenen deutschen Patriotismus
lacht, der sein Ziel überschritten hat und ausgeartet ist.   So
lächerlich späterhin der Franzosenhaß geworden, so heilig war doch
die deutsche Begeisterung vor dem Sturze Napoleon's.   Wollte
man aber noch jetzt, wo das römisch=germanische Element vom
slavischen bedroht wird, wo ein Gegner nicht bloß des deutschen,
sondern des europäischen Wesens im Anzuge ist, den „Erbfeind"
noch immer im Westen suchen, und über den im Osten lächelnd die
Achseln zucken, so würde man eine Dummheit und eine Schlechtig=
keit zugleich begehen. — Das feindliche Verhältniß Rußlands zu
Europa ist noch nicht der Geschichte verfallen; es ist im Gegen=
theil erst im Anzuge, und gehört noch mehr der Zukunft, als der
unmittelbaren Gegenwart an.   Rußland wird eben jetzt der na=
türliche Feind nicht bloß Englands oder Frankreichs oder Deutsch=
lands allein, sondern Europas überhaupt, — gerade so wie die
alten Germanen die natürlichen Feinde Roms waren. — Aber
glücklicherweise ist das Verhältniß Rußlands zu Europa ein um=
gekehrtes, als jenes der Germanen zu Rom.   Die Germanen
waren zu einem activen Eingreifen, Rußland aber ist zu einem
passiven Anschmiegen berufen.   Die Freiheit war auf der Seite
der Germanen, die Knechtschaft auf der Seite Roms, — eine mo=
notone Universaldespotie hatte in Rom die Civilisation dem Un=
tergange entgegengeführt, während unter den Germanen die
lebensfähigen Keime einer höheren Cultur ausgesät lagen.   Der
Gegensatz zu diesen Verhältnissen ist augenfällig.   Um ihn aber
vollständig hervorzuheben, muß noch bemerkt werden, daß eigent=
lich das kriegerische Streben und die Eroberungssucht auf Seiten
Roms waren, wie sie jetzt auf Seiten Rußlands sind. — Haben
dennoch die Barbaren, weil Recht und Sittlichkeit auf ihrer Seite
waren, das kriegerische Rom überwunden, so brauchen wir wahr=
lich vor Rußland nicht zu zittern!

Man hat in neuester Zeit Rußland als den Erben des
römisch-germanischen Europas bezeichnet, indem man die Bevölkerung Europas als eine solche, die ihren Culminationspunkt
erreicht und wieder, wie das Alterthum, eine Ergänzung von
Nord-Osten her nöthig hätte, darzustellen sich bemühte. Und
das haben nicht etwa Despotenknechte allein tendirt, sondern
Böswilligkeit und Kurzsichtigkeit, Absolutisten und Liberale, Be-
trüger und Betrogene sind darin übereingekommen, Europa zu
verunglimpfen. Wir sprechen natürlich nur zu den Verblendeten.
— Habt Ihr Euch auch schon mit den russischen und europäischen Verhältnissen so vertraut gemacht, daß Ihr ein Urtheil über
dieselben zu fällen im Stande seid? — Ihr sagt, Rußlands Bevölkerung sei noch in Religion, Sitten und Gesetzen einig, Europa
aber geistig, sittlich und politisch zerfallen. Dieses Factum liegt
freilich auf der Oberfläche; wer jedoch bis auf den Grund der
Erscheinungen eindringt, sieht noch ganz andere Dinge, als diese
Aeußerlichkeiten. Die Einigkeit und Einfalt der Masse der russischen
Bevölkerung ist nicht die heilige Einfalt der freien Unschuld, sondern das dumpfe Hinbrüten eines knechtischen Sinnes, dem in
seiner sorglosen Knechtschaft das Bedürfniß der Freiheit nicht
aufgeht. — Und diese Menschen sollten zur Weltherrschaft, zur
Ueberwindung Europas berufen sein, — desselben Europas,
das nun mit dem tiefen germanischen Gottesbewußtsein auch den
praktischen römischen Weltsinn verbindet?? O, über die Seichtig-
keit, die zwischen natürlichen und künstlichen, zwischen künstlichen
und naturbeherrschenden Zuständen nicht zu unterscheiden weiß!
Die Russen haben die Fehler, aber nicht die Tugenden der rohen
Naturmenschen. Sie schlagen sich, wenn es ihnen befohlen wird,
aber sie haben nicht die Tapferkeit der Polen und Franzosen. —
Sie sind einig, aber sie sind weder geistesunschuldig, noch haben
sie den Haß, die Sünde überwunden. —

Wir Europäer sind unzufrieden, revolutionssüchtig. Aber

die Römer, als sie noch die großherzigen, freien, tugendhaften, tapfern Welteroberer waren, haben auch immer in Uneinigkeit gelebt. Das republikanische Rom war eine fortlaufende Revolution. Als Rom, das Kaiserreich, einig wurde, ging es seinem Tode entgegen. Wie es Menschen gibt, die ohne Polemik erschlaffen, so ist das einig gewordene Rom in Lethargie verfallen und untergegangen. Will ich damit der Uneinigkeit, dem Zerwürfniß, der Revolution eine Apologie halten? — Wie könnte ich mich so widersprechen, wie meine eignen Anpreisungen der heiligen Einheit und Einigkeit, meine Apologie des Friedens so sehr verhöhnen?! Ich meine vielmehr dieses: Rom konnte nicht durch sich selbst aus seiner Uneinigkeit heraus zum Frieden kommen, es mußte von Außen überwunden werden, weil ihm das Element der Innerlichkeit fehlte. Weil es, wie bereits früher nachgewiesen wurde, sich nicht durch sich selbst, von Innen heraus verjüngen konnte, mußte es unter den Streichen der Prätorianer, Apostel und Germanen zusammenbrechen. — Rußland kann umgekehrt, weil ihm das Element der Aeußerlichkeit fehlt, nicht aus seiner Einerleiheit herauskommen, so fern nicht ein anderes Element zum slavischen hinzukommt. Wir aber werden, weil wir die Elemente zur Wiedergeburt in uns selber tragen, aus uns selbst heraus verjüngt werden, durch den Kampf zum Siege, durch den Dualismus zu Einheit und Frieden kommen. — Religion, Sitten und Gesetze sind bei uns zerfallen, aber sie tragen den Keim eines neuen Lebens in sich. Ist es nicht genug, daß wir schon mitten im Zerwürfniß zum Bewußtsein der Einheit gelangt sind? — Es gibt freilich Leute, die nur Handgreifliches, Thatsächliches sehen können. Aber das sind nicht diejenigen, die am großen Bau der Zukunft mitarbeiten. — In unserer Zeit muß das Bewußtsein der Geschichte, die eben keine unbewußte Thatsache mehr, sondern eine freie That sein soll, stets vorangehen Die unfreie Thatsache geht freilich dem Bewußtsein vorher, aber

fie hat auch nur fo lange Beftand, als das Bewußtfein noch
nicht zu ihr hinzugetreten ift. Bei der Thatfache ift das Bewußt=
fein das Ende, bei der That ift es aber der Anfang, — weshalb
das Bewußtfein, welches diejenigen haben, welche auf der Höhe
der Neuzeit ftehen, allerdings in Rechnung gebracht werden darf.
— Daß aber in unferer Zeit diefes Bewußtfein der Einheit
exiftire, beweift fchon die deutfche Philofophie. Die deutfche Phi=
lofophie, wie befangen fie auch in gewiffen Beziehungen ift, wie
fehr fie auch im Begriffe ftecken bleibt und nicht über den Idealis=
mus hinaus zur That kommen kann, hat doch wenigftens das
geiftige Zerwürfniß überwunden, ift doch wenigftens in diefer
Beziehung über den Kriticismus hinaus und durch ihn hindurch
zur Einheit gekommen. — Verfaffer diefes kann fich nicht der
Hegel'fchen Schule beigefellen, überhaupt nicht, wie er dies fchon
in der Einleitung ausgefprochen, bei der deutfchen Philofophie
ftehen bleiben; aber Ehre diefer Philofophie! Sie hat das germa=
nifche Gottesbewußtfein zum Abfchluß gebracht, und wer Hegel
nicht zu würdigen verfteht, wird es um fo weniger zu dem Be=
wußtfein bringen, welches die That erzeugt. — Wie die deutfche
Reformation der Anfang, fo ift die deutfche Philofophie der Schluß
der Geiftesfreiheit. Freiheit aber ift Einheit, Sieg über das Zerwürf=
niß, Sieg über den Dualismus, Sieg über die Abhängigkeit vom An=
dern, — Freiheit ift Alleinherrfchaft, Selbftherrfchaft, Selbftändigkeit,
— und welcher Menfch nicht erft diefe Herrfchaft im Geifte errungen
hat, wer es noch nicht in fich felber, noch nicht in Bezug auf die
Vergangenheit, aus der er geworden, zum Bewußtfein der
Einheit gebracht hat: ein folcher kann in Bezug auf die That,
welche eben fo fehr der Zukunft, als der Vergangenheit angehört,
um fo weniger das rechte Bewußtfein haben. Daß aber auch in die=
fer letztern Beziehung unfere Zeit fchon das rechte Bewußtfein habe,
davon wird der Lefer diefer Blätter hoffentlich überzeugt werden.

Der gegenwärtige Weltgeist ist der Geist des Friedens. Alle Nationen, wie alle Individuen, sollen ihre Stelle im Gottesreiche, im großen Verbande der einigen Menschheit finden. Niemand soll ausgeschlossen werden. — Auch Rußland hat einen schönen Beruf; es soll sich selbst und den Orient durch europäische Cultur aus jener Stagnation herausarbeiten, worin der Osten bisher durch seine Stabilität versunken war. Diesen Zweck wird es freilich verfehlen, so lange es sich gegen den Westen hermetisch abschließt und überhaupt in jener feindlichen Stellung gegen uns verharrt, welche nur ihm allein zum Nachtheil gereichen kann. — Will Rußland nicht gegen sein eignes Interesse handeln, so suche es sich den Westen zum Freunde zu machen. Die bisherige Diplomatie hat wahrlich den Interessen der europäischen Großmächte, allen ohne Ausnahme, mehr geschadet als genützt. Aber ihr Reich ist zu Ende. Gedenken wir nur, um ihre Ohnmacht zu gewahren, Belgiens, das sie mit Holland verschmelzen wollte. Erinnern wir uns, was ihre bisherige schädliche Wirksamkeit angeht, nur jenes Actes, den bis jetzt weder Rußland, noch das römisch-germanische Europa verschmerzen konnte, — der Theilung Polens. — Die Polen würden zwar im glücklichsten Falle, wie Belgien und Griechenland, oder wie das noch im Werden begriffene neue Byzanz, nur eine secundäre Rolle spielen können. Denn im römisch-germanischen Europa treten nur noch drei Nationen in den Vordergrund. Der deutschen, französischen oder englischen muß sich von nun an jede andere europäische Nation anschließen, und die Polen mögen sich in ihrem gegenwärtigen Unglücke damit trösten, daß sie auch als compacte Nation nur ein Glied in der großen Kette der europäischen Staaten zweiten Ranges bilden würden. Unter Portugal, Spanien, Italien, Griechenland, Böhmen, Ungarn, Skandinavien u. s. w. würde Polen aber eine natürlichere und freiere Stellung, als in seiner heutigen Zerstückelung und Verschmelzung mit Rußland einnehmen. Doch der eu-

ropäische Westen, dem diese Zerstückelung in so fern am meisten
schadet, als Polen (wie bisher auch die Pforte) ein Damm gegen
Rußland war, hat den Verlust Polens selbst verschuldet, und wird
dieses Kleinod nicht wieder gewinnen, so lange die Selbstsucht es
verhindert, die europäische Bedeutung Polens zu erkennen. —
Es wird zwar Rußland nie gelingen, den Theil von Polen, den
es besitzt, ganz zu russificiren; vielmehr ist der Besitz dieses Thei=
les seinen wahren Interessen eben so nachtheilig, als uns der
Besitz des übrigen. — Den Polen kann man noch heute die
Worte J. J. Rousseau's zurufen: Vous ne sauriez empêcher
qu'ils (die Russen) ne vous engloutissent; faites au moins qu'ils
ne puissent vous digérer! In der That Rußland hat Polen
bis heute noch nicht verdaut. Das Stück Polen, das es ver=
schlungen, hat ihm schon mehr Verdauungsbeschwerden, als uns
Besorgnisse verursacht. Polen paßt besser zu den westeuropäischen
Staaten, als zu Rußland, — Sind aber auch die Schmerzen,
welche Polen seit 1772 hervorgerufen hat, sehr verschieden an
Größe und Qualität, so hat doch dieses Unglück überall böse Fol=
gen gehabt. Die Theilung Polens konnte nur zu einer Zeit ent=
stehen, welcher Einheit, Friede und Freiheit des römisch=germani=
schen Reiches nicht sonderlich am Herzen lag. — Ein ähnlicher
Schritt in den Angelegenheiten der Pforte würde für Europa wo
möglich noch nachtheiligere Folgen, als die Theilung Polens ha=
ben. — Aber die höhere Politik wird jetzt das gemeinsame Inter=
esse Europas im Auge behalten. Die europäischen Staaten wer=
den es verschmähen, sich egoistisch durch Landestheile zu bereichern,
die nur in ihrer Ganzheit als neutraler Boden unter dem Schutze
sämmtlicher Großmächte Allen gleichmäßig von Nutzen sein kön=
nen, — die aber getheilt, unendliche Conflicte und blutige Käm=
pfe hervorrufen würden. — In der Politik, wie in Allem, besteht
das Höhere nicht in egoistischen Berechnungen, sondern im Erfas=
sen des Ganzen und Großen. Bis jetzt gab es noch keine höhere

Politik. Entspräche das, was man dafür ausgiebt, seinem Namen, so brauchte es sich nicht in geheime Cabinette zu verbergen.
Diese politische Geheimthuerei hat uns an den Rand des Abgrundes gebracht. Die Schöpfungen der geheimen Diplomatie waren
niemals natürliche. Bauern hätten in manchen Fragen einen
richtigeren politischen Takt, als unsere geheimen Cabinetsräthe
gezeigt. Nicht Natur und Geschichte, sondern List und Verstellung
scheinen unsere Diplomaten studirt zu haben. Wohin hat dieses
geführt? — Wir haben's gesehen! — Die Geschichte verfolgt
ihre natürliche Bahn, und woran Jahre lang gebaut wurde, das
fiel in Einem Tage zusammen. — Die gescheidten, scharfsinnigen
Köpfe ziehen in ihren Berechnungen so Vieles in Betracht, haben
so viele Factoren, und übersehen immer nur einen — den Weltgeist. Aber heißt das nicht die Rechnung ohne den Wirth machen? — Der Weltgeist will aus dem römisch-germanischen Europa ein Ganzes, — die Diplomaten wollen Theile daraus machen. Sehen wir zu, wer Recht behält!

Es dürfte endlich an der Zeit sein, Wahrheit und Sittlichkeit in die Politik zu bringen. Jene, die unter dem Namen des
„europäischen Gleichgewichtssystems" seit dem westphälischen
Frieden eine so große Rolle spielt, ist in einer Einseitigkeit befangen, durch welche sie nothwendig zu Grunde gerichtet werden muß.
In dieser Politik ist die Wahrheit noch nicht zur vollen Erscheinung gekommen. Der Widerwille gegen jede Verschmelzung verschiedener Volksindividualitäten zu einer abstracten Einheit (Uni-
versalmonarchie) ist das ihr zu Grunde liegende Wahre. Aber
dieser Widerwille, diese Negation der abstracten Einheit, ist noch
nicht über sich hinaus zur Position der concreten fortgeschritten,
hat daher zugleich auch diese noch, wie überhaupt jede organische
Gliederung der Nationen, jeden innern Frieden derselben negirt.
Dadurch entstanden die vielfachen Uebel, wie wir so eben gerügt
haben. Indem die verschiedenen europäischen Staaten und Völ-

ter in ihrer schroffen Trennung beharrten, konnte es einerseits nicht fehlen, daß trotz der allgemeinen Opposition gegen jede Verschmelzung doch in besondern Fällen die Trennung in ihr Gegentheil umschlug, wie das traurige Beispiel der Vernichtung einer Nationalität, wie die polnische, die beabsichtigte Verschmelzung Belgiens mit Holland und andere ähnliche Mißgriffe gezeigt haben. — Unsere Zeit will aber, trotz des Strebens nach allgemeiner Freiheit und bürgerlicher Wohlfahrt, das allen civilisirten Nationen gemeinsam, doch die ewigen Urrechte der nationalen Individualitäten gewahrt sehen. Darum muß eben jetzt bei uns Rheinländern die Zornesflamme auflodern, wenn man Freiheit uns zu bieten wagt dafür, daß wir deutsches Herz und deutschen Sinn dagegen in den Kauf geben und uns einer fremden Nationalität accommodiren sollten, die wir in ihrer Selbständigkeit hochachten, in der aber wir mit unserer Selbständigkeit niemals aufgehen können und werden! — Die Uebel aber, welche die schroffe Trennung dadurch veranlaßte, daß sie in ihr Gegentheil umschlug, sind kaum so schlimm, als die, welche jene Trennung unmittelbar hervorrief. Unmittelbar verhinderte sie, daß das Verhältniß der verschiedenen Staaten und Völker ein offenes, aufrichtiges, freundschaftliches wurde. Unmittelbar hatte sie zur Folge, daß die innere Triebfeder der höheren Politik kleinlicher Egoismus, daß ein mißtrauisches Ueberwachen die einzige gegenseitige Garantie des Friedens blieb. — So lange dieser Zustand der Dinge dauerte, war jene Kunst, welche man mit dem Namen Diplomatie bezeichnet, zur Erhaltung eines äußerlichen, „bewaffneten" Friedens unentbehrlich. Der wiener Friede hat diesen Standpunkt, auf welchen uns der westphälische gestellt, noch nicht überwunden. Noch immer spielt das „europäische Gleichgewichtssystem" die erste Rolle in unserer Politik. Ist aber Europa ein gesunder Körper, dessen Theile organisch verbunden sind, so kann hier von Gleichgewicht, von einem mißtrauischen Ueberwachen der verschiebenen Mächte keine Rede sein. Nur wo fremde, feindliche Kräfte einander gegenüberstehen, ist ein Abwägen berselben zur Erhaltung des Friedens nöthig. Aber welch' ein Friede ist das! Wird er auch nicht gebrochen, so hat er boch, um andere Uebel zu verschweigen, stehende Heere zur nothwendigen Folge. So lange stehende Heere nöthig sind, müssen wir Diplomaten haben. — Ist es aber einmal bahin gekommen, baß Europa nicht mehr als zertheilter, sondern als gegliederter Körper angesehen wird, dann tritt an bie Stelle ber bisherigen Diplomatie die wahrhaft höhere Politik.

Zweites Capitel.

Europa in seiner Zerfallenheit.

„Wer nicht mit mir ist,
ist wider mich!“
Christus.

Inhalt.

Die Religion κατ' ἐξοχήν, das Christenthum, ist dem Wesen
nach die ewige Religion der Liebe. Das Christenthum im Sinn
und Geiste seines Stifters ist Versöhnung, — Versöhnung von
Judenthum und Heidenthum, von Geist und Natur, von Gott
und Welt. — Gott ist die Liebe, lehret das Christenthum.
Die Liebe aber ist die Seele des Alls, einiget Alles; Liebe ist Re=
ligion im weitesten Sinne. Aber die Liebe hat verschiedene Sta=
dien. Die beiden Wendepunkte der Weltgeschichte, die Völkerwan=
derung und die französische Revolution, sind die beiden Wende=
punkte der Weltversöhnung durch die Liebe. Die Weltversöhnung
— die Vermittlung einer dem Anscheine nach auf immer dahin=
geschwundenen antiken mit einer noch nicht ins Leben getretenen
modernen Welt — hat die Liebe dadurch bewerkstelligt, daß sie
erst die alte schlechte Wirklichkeit vergeistigte, dann aber den neuen
bessern Geist verwirklichte. Mit dem einen Arm also idealisirte

die Liebe das Reale, mit dem andern realifirte fie das Ideal. — Das erste Stadium der Liebe, das Idealifiren, ist vorüber; das zweite, das Realifiren, beginnt. —

Aber die ewige Religion konnte nur in dem einen Stadium, welches zwischen der alten schlechten und neuen beffern Wirklich= keit in der Mitte steht, — im Stadium des Idealifirens oder der eigentlichen Vermittlung, — eine zeitliche positive Gestalt als sichtbare Kirche annehmen. Nach dem Verlaufe deffelben hatte die ewige Religion, wie vor deffen Anfang, keinen Raum zur äußern Erscheinung; vorher nicht, weil die Welt, obgleich durch die Liebe geschaffen, sie noch nicht kannte; nachher nicht, weil eben das Ideal realifirt, das Weltliche selbst geheiligt, die Men= schen Christen, human geworden sind. — Es eifern wohl die Kirchlichen, die protestantischen und katholischen, gegen uns, daß wir ihnen den Boden schmälern oder bestreiten wollen. Wir fin= den ihren Eifer für die Kirche natürlich. Daß sie uns aber, weil wir nicht mehr kirchlich sind, auch die Religion absprechen wol= len, dagegen werden wir stets aus innigster Ueberzeugung prote= stiren! — Unsere Religion ist keine kirchliche, weil sie mehr als diese, weil sie Weltreligion ist und unser ganzes Leben durch= bringt. — Mögen alle die, denen die Kirche noch Bedürfniß und daher Christus noch ein äußerlicher, — oder umgekehrt, denen das Christenthum noch ein äußerliches und daher die Kirche Bedürf= niß ist, — ihre Kirche und ihren Christus haben; sie begnügen sich aber nicht damit, sie wollen, wie ehemals, prädominiren. Dazu wird es aber nicht mehr kommen. Die Kirche konnte wohl über die Menschen herrschen, als diese noch nicht vom heiligen Geiste durchbrungen waren; später aber, nachdem Christus gesiegt hatte, wurde jene Herrschaft unnatürlich.

Das Ideale ist durchgedrungen, der Geist der Liebe hat ge= fiegt, aber erst subjectiv, im Menschen; objectiv lebt er noch nicht, es fehlen noch die Schöpfungen dieses Geistes. Wir sind ver=

föhnt, aber unfere Inftitutionen find es noch nicht. — Diejeni=
gen, welche die zeitliche Geftaltung des Chriftenthums, die Kirche,
verewigen möchten, behaupten zwar, es könne hienieden keine Ver=
föhnung ftattfinden, weder eine fubjective, noch objective. Mit
ihnen ftimmen alle Unverföhnten überein und tröften fich für die
„dieffeitige" Unvollkommenheit mit einer „jenfeitigen" Vollkom=
menheit. Das ift ein leibiger Troft! — Die Religion der Liebe
verföhnt Gott und Menfch, und für den Gott=Menfchen ift die
Ewigkeit gegenwärtig, die Vollkommenheit dieffeits. Jenen aber
ift noch immer Gott außerweltlich, die Vollkommenheit und Ewig=
keit jenfeits. — Daß fie fich in diefer Verlaffenheit von Gott be=
ruhigen können, fpricht nicht fehr für ihre Religiofität. Fühlten
fie wirklich das Bedürfniß der Verföhnung, fo würden fie auch
verföhnt werden, und nicht im Gegenfatze, in der Endlichkeit, ge=
trennt von Gott, Ewigkeit und Vollkommenheit, ruhig verhar=
ren. — In der Kirche war einft Gott gegenwärtig. Damals
fiel es Niemand ein, an der Vollkommenheit diefer göttlichen An=
ftalt zu zweifeln. Als man daran zu zweifeln anfing, war es
wirklich mit ihrer Herrfchaft aus. — Seitdem ift die Welt in
fich felber zerfallen. Sollte es nun ihr Loos fein, in diefer Zer=
fallenheit zu verharren? Sollte die ewige Liebe, weil fie aufgehört
hat, in der beftimmten Weife wie bisher als Kirche zu er=
fcheinen, darum aus der Welt verfchwunden fein? —

Nein! — die Kirche hat aufgehört, weil die Menfchen ihrer
nicht mehr bedürfen. Die Religion der Liebe wird fich aber
von nun an, anftatt in einer belehrenden Geiftlichkeit, in den
Werken thätiger Menfchen offenbaren. Und wir, die wir den
Staat zu heiligen, die Inftitutionen zu vervollkommnen, das Elend
zu verbannen, alle Gegenfätze, alle Trennungen im Leben zu ver=
einigen ftreben, könnten wahrlich, als ächte Verföhner, mit größerem
Rechte auf unfer Chriftenthum pochen, als die Anhänger einer
in todten Formen erftarrten Kirche, oder einer in ihrer Dogmatik

und Idealität stabil gewordenen Confession! Da jedoch alsdann
unsere Religion mit deren zeitlicher Erscheinung als Kirche, so wie
unser Gott mit dessen Manifestation im Menschensohne verwech=
selt werden könnte, so wollen wir vielmehr den Namen, der uns
in gewisser Beziehung ohnehin nicht zukommt, von uns abweisen,
und uns damit begnügen, den heiligen Geist für uns in Anspruch
genommen zu haben.

Mit dem Siege Christi ist das Christenthum ein anderes ge=
worden. In dem Maße, wie der Unterschied von Kirche und
Staat, von Heiligem und Profanem, von Christen und Menschen
aufgehört hat; in so fern die Verheißung: „An jenem Tage werdet
Ihr erkennen, daß ich in meinem Vater bin, und Ihr in mir, und
ich in Euch," in Erfüllung gegangen ist: sind wir selbst Gott=
Menschen, Vermittler, Versöhner geworden. Einerseits bedürfen
wir demnach keines Versöhners mehr, anderseits sind wir selbst
auf das heilige Amt der Versöhnung angewiesen. Unser Boden aber
ist nicht mehr die Kirche, sondern der Staat, die Welt, das ganze
Leben. So weit dieses durch das Dogma geheiligt werden konnte,
ist solches geschehen. Es bleibt aber, nachdem die Kirche, die
Geistlichkeit, die Lehre, die Dogmatik ihre Aufgabe erfüllt hat,
noch ein großes Feld zur christlichen Thätigkeit übrig: der Staat,
dieser Boden, nicht bloß der geistlichen, sondern aller menschlichen
Thätigkeit. Die Kirche konnte die Menschen nur selig, der Staat
soll sie glückselig machen. Die Kirche konnte nur den Geist, der
Staat soll den ganzen Menschen berücksichtigen. Die Kirche
mußte, in nothwendiger Folge ihrer Stellung, die Gegensätze:
Geist und Leib, Wahrheit und Wirklichkeit, Jenseits und Diesseits,
Zukunft und Gegenwart u. s. w. festhalten; im Staate hingegen
ist die Zukunft Gegenwart, das Jenseits Diesseits u. s. w. Denn
im heiligen Staate sind die Verheißungen der Kirche erfüllt, wie
in der christlichen Kirche jene des Judenthums erfüllt wurden.
Was also der Kirche ein Zukünftiges war, ist dem heiligen Staate

ein Gegenwärtiges, — was jener nur zu schauen und im Geiste zu offenbaren gegeben war, ist uns zu realisiren gegeben.

Aus dem Bisherigen erhellt schon hinlänglich, daß der Streit der christlichen Dogmatiker gegen die Männer der That kein bloßer Wortstreit sei. Der Kampf, der jetzt die Welt bewegt, ist wohl ein eben so wesentlicher, als jener, welcher zur Zeit Christi die Welt bewegte. Damals kam die Religion der Liebe zum Selbstbewußtsein, jetzt kommt sie zur Selbstthätigkeit. Wir wollen die Religion werkthätig ausüben. Dagegen eifern die Theologen, indem sie den Glauben und die Hoffnung höher stellen. Sie berufen sich deshalb auf manche Aussprüche der heiligen Schrift. Wir könnten sie leicht mit ihren eignen Waffen schlagen. Das neue Testament legt für uns, wie das alte für das neue, Zeugniß ab. Wenn aber auch alle Propheten und Apostel verloren gingen, so würde dies unserer Religion keinen Abbruch thun. — Unsere Religion ist weder in einer Büchersammlung noch in einer Kirche enthalten. Die absolute Geistesthat hat nicht bloß heilige Schrift und Tradition, sondern den heiligen Geist selber, den Schöpfer der heiligen Geschichte zur Grundlage. Mögen die Sachwalter des Idealismus unsere Begeisterung Wahnsinn, unser Selbstgefühl Anmaßung, unsern Liebeseifer und unsere Thatenlust Leidenschaft nennen: besser in der Begeisterung und Liebe, als im Indifferentismus, — besser im Selbstgefühl, als in der Nachbeterei zu weit gegangen!

Auch die Wortdienerei hat sich überlebt. — Als aus der Kirche Christi der heilige Geist gewichen war, entstanden die „Diener des Worts." Allein die welthistorische Bedeutung der Reformation lag nur darin, daß sie den in Formen erstarrten Inhalt der christlichen Kirche negirte; nur als Protestanten hatten die Reformatoren und ihre Anhänger, die Hussiten, Lutheraner, Cal-

vinisten u. s. w. eine allgemeine weltgeschichtliche Bedeutung. Wie
sie weiter gehen und auf das Wort des Evangeliums eine
neue positive Kirche bauen wollten, geriethen sie in Widersprüche.
Ihr Hauptwiderspruch bestand darin, daß sie auf der einen Seite
den heiligen Geist sich selber vindiciren und die Autorität der Kirche
angreifen, — auf der andern Seite aber doch wieder eine noch
viel schädlichere Autorität, die Autorität des todten Wortes, anerkannt wissen wollten. — Jetzt fühlen die Protestanten diesen Widerspruch — und Einzelne kehrten deshalb wieder um und zurück
in den Schooß der allein seligmachenden Kirche. — Die Masse
der Gebildeten aber geht weiter, als die ersten Protestanten, indem sie dem Princip der Reformation, der Geistesfreiheit, treu
bleibt und sie consequent verfolgt. Allein diese Consequenz hat
sich bisher doch mehr in der rücksichtslosen Prüfung der alten
Autoritäten, als in positiven Bestrebungen für das neue Leben
gezeigt. Die Wirksamkeit der heutigen Protestanten ist noch immer größtentheils der Vergangenheit, nicht der Zukunft zugewendet. Wir mißbilligen diese Wirksamkeit gar nicht. Nur rufen
diese einseitigen Tendenzen leicht eine Reaction hervor. — Lasset
die Todten ruhen! — Man erweist in der That durch das stete
Beschäftigen mit der Vergangenheit dieser zu viel Ehre. Aber
fast scheint es, als ob eine unüberwundene Befangenheit gegenwärtig noch die Kraft der kühnsten deutschen Denker lähmte, wo es
gilt, neues Leben zu schaffen! — Oder sollten wirklich die Germanen zu idealistisch sein, um auch ihre geistige Errungenschaft
verwirklichen zu können? Sollte zum Realisiren der Idee wieder ein anderer Volksstamm auserwählt sein? — Wir glauben
das nicht! Die Germanen haben nicht umsonst das römische Element in sich aufgenommen. Alles deutet vielmehr gegenwärtig
auf Vereinigung der verschiedenen römisch-germanischen Völker-
familien, nicht auf Ausschließung irgend einer derselben. — Aber
die Germanen, um aus ihrem Idealismus heraus zu kommen,

müssen sich mehr den Franzosen und Engländern anschließen, mehr mit Thaten, als mit Gedanken, mehr mit der Zukunft, als mit der Vergangenheit sich beschäftigen. — Wären sie zur That, wie die antiken Nationen zur Idee des Christenthums, unfähig, wahrlich sie würden, wie diese, vom Schauplatze der Geschichte verschwinden! — —

Der christlich=germanische Idealismus hat seine Mission erfüllt. Die Zeit hat die kirchlichen Bande aufgelöst, um Staatsverbände zu schaffen, die das ganze Leben umfassen, schützen, fördern, heiligen sollen. Um das Reich Gottes auf Erden zu verwirklichen, wurde die Religion aus ihrer mittelalterlichen Abstraction befreit, von der Kirche emancipirt. Da aber die Freiheit zwei Seiten hat, eine negative und eine positive, — da die Auflösung des mittelalterlichen Bundes dem neuen, wie jene des alten Bundes dem mittelalterlichen vorangehen mußte, so schweiften in der Zeit der Negation — die das positive Ziel noch nicht vor Augen hatte — die Bestrebungen da und dort aus. — Jetzt wissen wir aber, was wir wollen. Wir wollen nicht die alte Kirche übertünchen! Was, Ihr wollt der alten Form einen neuen Geist einblasen? Wird sich aber nicht der neue Geist auch eine neue Form schaffen? — Wir haben ganz andere Bedürfnisse, als solche, die von einer Kirche oder von einer Dogmatik befriedigt werden könnten! — — Zwar die unmittelbare Gegenwart, weil sie eben erst im Uebergange begriffen ist, kann die Kirche noch nicht entbehren, und da keine ihren geistigen Bedürfnissen entsprechende objective mehr vorhanden, ist sie auf subjective Machwerke angewiesen. Ein Jeder hat in unserer Zeit sein eignes religiöses Steckenpferd, — Jeder mag's haben! Aber wissen sollte man, daß Alles, was in einer Uebergangszeit, wie die unsrige, geschaffen wird, nichts Nothwendiges, Gewordenes, sondern Willkürliches, Gemachtes ist. — Die zukünftigen Schöpfungen des Geistes werden, obgleich der Liebe, der Religion entsprossen, doch innig mit dem

Staate verwebt sein. Bis dahin, bis die objectiven Schöpfun=
gen der Neuzeit ins Dasein getreten sind, mögen wir immerhin das
Bedürfniß des Augenblicks befriedigen, unsere Liebe, unsere Religion
bethätigen, so gut wir können; nur müssen wir jeder dogmatischen An=
maßung entsagen! Der Dogmatismus kann jetzt, wo er seinen Beruf
erfüllt hat, nur noch zu Schulgezänk und Sectirerei führen. — —

„Altes" und „neues" Christenthum, wenn Ihr's so nennen
wollt, unterscheiden sich wie Idee und That, wie Geist und Leben.
Der christliche Idealismus ist die höchste Wahrheit; aber auch
die höchste Wahrheit wird trivial, wenn sie, nachdem sie erkannt
worden ist, nicht realisirt, sondern immer wieder von Neuem ge=
lehrt wird. Dann vervielfältigen sich die Meinungen über das
erhabenst Einfachste, — denn nichts ist dem Geiste unerträglicher,
als Trivialitäten, — dann sucht er Spitzfindigkeiten, um der Lan=
geweile zu entgehen. — Aber auch die System= und Sectensucht,
diese rhachitische Mißgeburt des überreizten Geistes, erschöpft sich.
Dem Dogmatismus folgt die Negation desselben, die Kritik, der
Unglaube. Auch dieser Auswuchs ist noch nicht der letzte; er reizt
vielmehr die noch schlummernde allerletzte Kraft des Idealismus
zur Reaction. Elektrische Funken der Wahrheit blitzen noch ein=
mal aus dem vom Leben nun fast ganz getrennten Geiste. — Aber
auch dieses letzte geläuterte Licht erlischt, erlischt um so schneller,
je idealer sein Ursprung, je weniger der Geist, aus welchem es ent=
sprungen, noch mit dem irdischen Leibe verbunden war. — Dann
kommt die ewige Nacht des Indifferentismus, der Tod. — Hier,
am abgestorbenen Theile der Gesellschaft, ist jedes fernere Reiz=
mittel verloren! Macht Eure Lehren noch so pikant, sie gehen an
diesem Theile der Gesellschaft, der, wie wir mit Entsetzen wahr=
nehmen, jeden Tag größer wird, — spurlos vorüber! — Wer ist
aber am geistigen Tode der Gesellschaft schuld? . . . . .
Jeder will heutzutage die wahrste, absoluteste Philosophie haben.

Die Haarspalter! Sie überbieten sich, wie die Christen des dritten Jahrhunderts, an Hyperweisheit. Die scharfsinnigsten Systeme unserer heutigen Philosophen sind doch weiter nichts als eine Ausbeute der Spinoza'schen Substanz und des christlichen λόγος, Mischlingsgeburten, Bastarde, ähnlich denen aus der genannten Periode nach Christus, weil damals, wie jetzt, das Alte mit dem Neuen und das Neue mit dem Alten buhlte. —

Das Verhältniß des Menschen zu Gott ist erkannt. Die Offenbarung Gottes durch den Menschensohn, die Christuslehre, ist uns keine äußerliche mehr. Wir haben sie in Saft und Blut aufgenommen. Gott ist in Christo Fleisch geworden, Christus in uns, mithin Gott in uns durch Christum. Seht, wir wissen das Höchste! darum hört endlich auf, uns Dogmatik, Metaphysik oder, wenn Ihr wollt, Logik zu lehren. — Spinoza hat das Factum der Menschwerbung Gottes, die Thatsache, daß der Menschensohn Gott=Mensch, vor Euch, und wahrlich so gut wie Ihr, begriffen, — aber er ist bei diesem Begriffe nicht, wie Ihr, stehen geblieben. Nachdem er das Factum erkannt hatte, ist er zur That, zur Ethik übergegangen, — zur Ethik, die eben so fruchtbar, als Eure Metaphysik unfruchtbar ist, — zur Ethik, die das Fundament unseres neuen Lebens bildet. — Ihr aber verharrt im Begriffe, aus dem Ihr zwar machen könnt, was Ihr wollt, dem aber doch Eines fehlt — das Leben! Unsere Philosophen und Theologen kommen nicht aus der Vergangenheit heraus. —

Das Ethische, die selbstbewußte und fruchtbringende That, ist das Element der Zukunft. Das ethische Element umfaßt Dreierlei: Vergangenheit, Gegenwart und Zukunft. Die Wurzel der ethischen That ist die Religion, die Wahrheit; ihre Frucht ist das Gesetz, die Wirklichkeit; ihr Mittelpunkt aber ist die Tugend, die Sittlichkeit. Darum war das Erste unserer Zeit die Emancipation des Geistes von der Kirche. Die französische Revolution, welche die Sitte von der Herkömmlichkeit emancipirte, war das

Zweite oder Mittlere — und die Emancipation des Gesetzes vom historischen Recht wird das Dritte und Letzte sein. — Hier habt Ihr den Unterschied unserer Zukunft von unserer Vergangenheit. Hier liegt die Auflösung des Räthsels, wie sich die Vergangenheit von der Zukunft sowohl im Allgemeinen als im Besondern scheidet. — Betrachten wir zunächst den allgemeinen Differenzpunkt, den wir zwar schon kennen, etwas näher. — Unser Element ist das Ethische. Wir handeln also nicht mehr bloß gesetzlich, wie das Alterthum, welches in der Handlung die Idee noch nicht schaute. Wir sind aber auch nicht mehr bloß contemplativ, wie das Mittelalter, dem in seiner Beschaulichkeit die That noch nicht aufging. Die neue Geschichte ist vielmehr ihrem Wesen nach freie, selbstbewußte That. — Die speciellere Grenze zwischen Vergangenheit und Zukunft aber bildet die französische Revolution. Wie die Völkerwanderung in der Mitte stand zwischen der idealen Grundlage des Mittelalters, Christus, welcher, eine generatio aequivoca, aus dem sich auflösenden alten Staatsleben entsproß, und ihrer Verwirklichung, der Kirche: so steht die französische Revolution in der Mitte zwischen der idealen Grundlage der Neuzeit, Spinoza, welcher, ebenfalls eine generatio aequivoca, aus der sich auflösenden mittelalterlichen Kirche hervorwuchs, und ihrer Verwirklichung, dem zukünftigen socialen Leben. —

Die Freiheit des Geistes, welche Deutschland errungen, hätte fruchtlos für's Leben bleiben müssen, wäre nicht eine Nation aufgetreten, welche die Wahrheit und die Wirklichkeit zu vermitteln verstand. — Die Franzosen haben es verstanden, das Gemüth, diesen Sitz des Willens, der Thatenlust, der Tugend und Kraft, für den neuen Geist zu gewinnen. Dieser erfreute sich schon seiner Selbständigkeit, und das Verdienst mußte noch vor den Thüren

des Adels betteln gehen, und froh sein, ein kärgliches Almosen zu
erhalten. Aber schon hatte die Wurzel der Neuzeit, die Wahrheit, deren Boden Deutschland, ethische Blüthen getrieben. —
Und das Jahr 1789 führte das ethische Princip ins Leben ein.
Der Vulcan an der Seine spie Flammen, — die bald alles Be-
schränkende zerstörten, dann aber eine üppige Vegetation hervor-
riefen. Das neue Leben bot für das untergegangene reichen Er-
satz, obgleich die französische Revolution noch keine politisch-sociale
war. Was sie an den alten Gesetzen und Institutionen änderte,
war nicht von Bedeutung; es war theils nicht nachhaltig, theils
nicht gründlich genug. Was sie aber in den Sitten reformirte,
das Freiheitsprincip, welches, früher schon durch die deutsche Reformation dem Denken vindicirt, durch sie auch dem Willen vindicirt wurde, — der Muth, den sie uns gab, wenn auch vorerst
nur an den alten Zopf Hand anzulegen, — das hat sich Bahn
gebrochen, und gewinnt täglich mehr Raum. Die französische
Revolution war eine Sittenrevolution, nichts mehr und nichts
weniger. — Zwischen Religion und Gesetz, zwischen geistigen und
materiellen Angelegenheiten in der Mitte stehend, hat sie Wahrheit und Wirklichkeit vermittelt. Erst durch ihre Vermittlung
konnte das 19. Jahrhundert mit seinen wahrhaft reellen Bestrebungen zum Vorschein kommen. Erst durch ihre Vermittlung
konnten die Keime zur Emancipation der Gesetze gelegt werden, —
Keime, welche sich schon durch unverkennbare Lebenszeichen kund
geben. — Die Emancipation der Gesetze konnte nicht unmittelbar aus der Emancipation des Geistes hervorgehen. — Die
französische Revolution hatte zwar eben als Sittenrevolution sowohl zu den materiellen als geistigen Interessen der Gesellschaft
Beziehungen. In dieser doppelten Beziehung war sie aber mehr
anregend als ausbauernd, wie dies auch ganz im Charakter der
Nation liegt, aus welcher sie hervorging. Wir Deutschen haben eine
bestimmt ausgeprägte Tendenz, und ebenso die Engländer. Der

6*

Deutsche ist ein Idealist, der Engländer ein Materialist; wir meinen, der Deutsche weiß aus Allem eine Erkenntniß, der Engländer aus Allem einen Nutzen zu ziehen. — Aus der französischen
Nation sehen wir aber Männer hervorgehen, welche von der Erde
zum Himmel und vom Himmel zur Erde gezogen werden, aber
weder diese noch jenen erobern können. — Wie dem auch sei, die
Franzosen haben ihren Beitrag zum Baue der Zukunft so gut
wie wir Deutsche abgetragen, und die Zukunft wird, um zum Abschluß zu kommen, nicht bei ihnen stehen bleiben. Wie die deutsche
Reformation, diese Wurzel der Neuzeit, in Frankreich ihre
Blüthen trug, so reift jetzt, wenn nicht alle Zeichen trügen, in
England die Frucht der französischen Revolution. Die Engländer sind die praktischste Nation der Welt. England ist unserm
Jahrhundert, was Frankreich dem vorigen war. —

Weil man die französische Revolution verkannt, sie für eine
politisch-sociale gehalten hat, ist man nach 1830, als sie wieder
in ihre Rechte eingesetzt wurde, zu irrigen Folgerungen verleitet
worden. Wie es aber den Verirrten handgreiflich gezeigt wurde,
daß die französische Revolution den politisch-socialen Status-
quo in Europa nicht sonderlich erschüttert habe, da wurden sie
kleingläubig und verzweifelten an der Wiedergeburt Europas.
. . . . „Dieser heutige Status-quo bleibt,“ sagte Karl Gutzkow
damals, „ich seh's mit prophetischem Blicke. Diese Wirren und
Gegensätze lösen sich nicht durch eigne Kraft. Die europäische
Revolution ist durch die französische für ewig eine unmögliche geworden“ . . . . . Durch eigne Kraft, das lesen wir hier, wird
sich Europa nicht mehr verjüngen können, weil die französische
Revolution ihren Zweck (den ihr fälschlich untergelegten) verfehlt
hat. Die Verjüngung der heutigen Gesellschaft muß also wieder,
wie jene der alten, von Außen, durch asiatische Horden kommen.
. . . . „Hier fühlt die Ahnung der Völker vielleicht tiefer, als
die Philosophie, und nur dies ist ungewiß, ob diese Reaction ein

Glück oder Unglück für Europa ist. Hier ist eine todte Kraft der Geschichte, die mit dem Donnertone der Kanonen zum Leben er= wachen wird! Doch glaub' ich, nur die erste Vorpostenlinie ist ein Verlust für die Cultur. Hinter Rußland liegen die Hochsteppen Asiens und werden bewohnt von frommen und in Sitten strengen Völkern. Kämen sie in Eure Städte, sie würden die fromme Ein= falt der Wüste mit sich bringen, Worte, die so viel als ein Mann sind, Tugenden der Mäßigung, Zucht im Verkehr der Geschlech= ter, eine Sprache mit offnen und ungeschminkten Ausdrücken. Jede Nation, welche das Pferd liebt, hat historische Prädestination."
. . . . . Gutzkow, der, als er dies niederschrieb, seinen Irrthum, die französische Revolution für eine sozial=politische zu halten, noch nicht abgebüßt hatte, — wendet sich verzweiflungsvoll von seinem Gotte im Westen, weil er ihn nicht begreifen kann, und sucht das Heil im Osten, bei Barbaren! — Wie gesagt, es ist ein gefährlicher Irrthum, die französische Revolution für eine poli= tisch=sociale zu halten.

Die Differenz zwischen der deutschen, französischen und eng= lischen Geistesrichtung ist die Ursache der innern Zerfallenheit je= ner Vorkämpfer der jungen oder neuen Zeit, welche man in un= serm Vaterlande, bevor ihre Differenz ausgebrochen ist, sehr be= zeichnend das „junge Deutschland" genannt hat. — Wie sehr man sich auch nachher dagegen gesträubt hat, das „junge Deutsch= land" war ein Factum, — aber auch nichts weiter; es war kein bewußter Act. Gegenwärtig sind die verschiedenen Elemente, welche sich unbewußt zusammengethan, weil sie das Gemeinschaft= liche der Jugend und des Fortschrittes hatten, zum Bewußtsein ihrer Differenz gekommen, und nun nimmt Eines am Andern Aergerniß. Die „linke Seite" der Hegel'schen Schule, welche, wie wir sogleich sehen werden, die rechte des jungen Deutschlands (im weitern Sinne genommen) bildet, schimpft in den „Hallischen Jahrbüchern" über Heine, dieser neuerlich auf eine unwürdige

Art über Börne, und Gutzkow wiederum über Heine und die Hal=
lenser. Aber alle diese Koryphäen des Fortschrittes sind keines=
wegs so, wie sie sich in gegenseitigem Hasse schildern. Die Sache
ist ganz einfach diese: wir Deutschen sind das universalste, das
europäischste Volk Europas. Es dauert lange, bis wir zu
einem Entschluß kommen, und unsere Thaten tragen immer „des
Gedankens Blässe" an sich, aber desto vielseitiger sind wir auch.
Die Neuzeit fand in Deutschland ihre spätesten, aber gründlich=
sten Verehrer. England ist auf das Gesetz, Frankreich auf die
That angewiesen; Deutschland aber, vornehmlich dem Gedan=
ken zugewendet, umfaßt eben deshalb, wenn auch nur in der Idee,
nebst seinem eigensten Elemente, dem Gedanken, auch noch die
That und das Gesetz. Die Neuzeit fand daher bei uns einen
allseitigen Anklang, aber in unserer eignen Mitte herrschte je nach
der Verschiedenheit der Individualitäten hier diese, dort eine andere
Seite vor. Die deutschesten Deutschen haben sich mehr dem
Gedanken zugewendet, den Fortschritt hauptsächlich in der Gei=
stesfreiheit suchen zu müssen geglaubt; sie bilden, wie gesagt, die
rechte Seite der Fortschreitenden, und ihre Koryphäen sind: Strauß,
Vischer, Feuerbach, die Hallenser u. s. w. — Die französischen
Deutschen aber, — man erlaube mir diese Unterscheidung, —
die, welche nur die gegenwärtige That im Auge haben, suchen den
Fortschritt mehr in den Sitten; sie bilden das juste milieu,
das Centrum des jungen Deutschlands, und ihre Koryphäen
sind: Heine, Pückler=Muskau, Laube, Bettina, Rahel u. s. w. —
Die linke Seite endlich bilden die englischen Deutschen, und
die Koryphäen dieser politisch=socialen Tendenz sind: Börne,
Gutzkow, Wienbarg und alle die, welche etwas gewagt haben. —
Die genannten Tendenzen gehörten sämmtlich ohne Ausnahme
dem Fortschritte an, und nur weil sie einseitig blieben, haben sie
es zu keinen positiven Resultaten gebracht. Ihnen gegenüber
standen die Pietisten und Mystiker, die Romantiker und Franzo=

senfresser, die Aristokraten und Conservativen. Diese beiden Hauptgruppen der Jungen und Alten waren anfangs die einzigen Parteien; ja früher waren sogar die Jung= und Alt=Deutschen ebenfalls noch nicht auseinander gegangen. Die sogenannten Liberalen, welche später als kosmopolitische Radicalreformer die linke Seite des jungen Deutschlands bilden, waren noch nicht von den altdeutschen Patrioten unterschieden; die Hegelianer standen noch nicht unter der Fahne der „Geistesfreiheit" aller geistigen Autorität gegenüber; die Göthianer endlich (das nachherige Centrum des jungen Deutschlands) traten zwar früh im Kunstwerke, jedoch noch nicht im Leben und in der Doctrin als Opponenten gegen die alten Sitten auf. — Erst nach den Täuschungen von 1830 kam diese Differenz zum Ausbruch, erst jetzt traten die „Jungdeutschen" im Gegensatze zu den „Altdeutschen" hervor. Von da an begann ein trauriger Krieg, jener deutsche Bürgerkrieg, der zwar nur ein Federkrieg war, der aber auch hier all das Gehässige eines Bruderkampfes hatte. — Es kam so weit, daß die eine Partei über die andere, nämlich die der Alten oder die stabile über die fortschreitende, einen Sieg feierte, der, wenn er auch wesentlich eine Niederlage der Alten und ein Sieg der Fortschreitenden war, doch diese letztern einen Augenblick die Waffen zu strecken zwang. — Von nun an brach ein anderer, wo möglich noch schimflicherer Bruderkampf aus. Die Vorkämpfer der Neuzeit sprachen nun ihre eignen kleinen Differenzen aus, weil Niemand für den Andern mit leiden wollte. — Mephisto hatte seine Freude dran, den Verehrern der Neuzeit aber wollte das Herz brechen . . . . So ist's! — Nun wird Heine von der rechten Seite der Frivolität, von der linken der Abtrünnigkeit beschuldigt. Dagegen verunglimpft dieser wiederum seine philosophischen und social=politischen Kampfgenossen, jene als contemplative und unfruchtbare Grübler, diese als abstracte und fanatische Märtyrer. — Die philosophische und social=politische Seite stehen sich noch schroffer einander gegenüber. Zwar die Höherstehenden aus jeder Fraction, unter den Philosophen z. B. David Strauß, sind dem Verständnisse schon näher. Dagegen ist im Allgemeinen das Mißverständniß leider noch sehr groß. — Wir wünschten nicht, daß die Differenz äußerlich bemäntelt werde; wir halten es für einen Fortschritt, daß sie zum Ausbruch gekommen; aber nun ist die Einseitigkeit jeder Fraction beleuchtet, und man sollte endlich aufhören, mit vergifteten Waffen zu kämpfen! Die Schwächen mögen noch immer bloßgestellt werden, — aber der Krieg, wie er bisher geführt wird, ist ein selbstmörderischer Vertilgungskrieg!

So ist die Neuzeit zersplittert, ihre Vorkämpfer selbst sind sowohl bei uns, wie in Frankreich und England noch einseitig, und in ihrer Einseitigkeit blind. Einer will dieses, der Andere jenes — — aber Europa wird nicht auf halbem Wege stehen bleiben. — Unsere Aufgabe ist, den Geist sich selber und die Welt dem Geiste adäquat zu machen. Wir sollen nach Eingebung des Geistes handeln. Nur die selbstbewußte That gestaltet sich uns noch zu heiliger Geschichte. Ueber Alles, was nicht in dieser Weise geschieht, werden immer von neuem die zerstörenden Flammen der Revolution zusammenschlagen. Wir müssen uns unsere Zukunft selbst schaffen. Außer unserer eignen, freien, bewußten Thätigkeit haben wir nichts mehr zu erwarten. Unsere Erziehung ist beschlossen; wir sind der Zuchtruthe des Gesetzes und der Autorität der Kirche entwachsen. Hingewiesen auf uns selbst, hingestellt auf unsere eignen Füße, taumeln wir zwar noch, wie vom Gängelbande kaum entwöhnt. Aber der, der uns bis heute beigestanden hat, wird fortan in uns selbst wirksam sein. Fortan ist Gott uns nicht mehr ein strenger Richter, noch ein milder Lehrer, sondern ein uns durchdringender Geist. Und folgen wir dem Antriebe dieses Geistes, so werden wir an dem Erfolge unserer Bestrebungen, wie weit auch das Ziel, wie mühsam auch der Weg ist, niemals verzweifeln. — Eine neue Völkerwanderung haben wir

weder zu fürchten, noch zu hoffen. Anders war die Natur jener
Revolution, welche das Alterthum verjüngte; anders ist die Natur der unsrigen. Als Rom die Volksgeister, in welchen das Alterthum wurzelte, gemordet hatte, war auch, wie jetzt, Alles untergraben, Alles in Frage gestellt; aber nicht weil der Geist ein
anderer geworden, sondern weil die Verhältnisse sich geändert hatten. Erst nachdem das Alterthum jene Metamorphose ganz durch-
lebt hatte, welche seine Verhältnisse zerstörte und verjüngte, wurde
auch der Geist, in welchem sich nun eine neue Welt abspiegelte,
ein neuer. Erst als auf dem vom Cadaver des Alterthums ge-
düngten Boden neue Völker sich angepflanzt hatten, entstand ein
neuer Geist, der Geist des Mittelalters. Ohne Völkerwanderung
würde der Westen eben so wie der Osten dahingestorben und in
Verwesung übergegangen sein, ohne sich je aus sich selbst heraus
zu verjüngen. Der Geist schuf also nicht die Revolution, sondern erlitt selbst erst in Folge dieser seine eigne Metamorphose.
Die innere Verjüngung der Menschheit war nicht die Ursache,
sondern die Wirkung ihrer äußern. So der Uebergang des Alterthums in das Mittelalter; anders jener des Mittelalters in die
Neuzeit. Umgekehrt, als damals, war nun das Bewußtsein der
Menschen ein anderes geworden, während die Verhältnisse die alten geblieben sind. Denn als neben dem modernen christlichen
Elemente das antike heidnische wieder auftauchte, entstand im
Bewußtsein selbst ein Zwiespalt. Der Geist erlebte in dieser Zeit
einen Kampf, aus welchem er metamorphosirt hervorging. Er
folgt nun nicht, wie ehedem, der metamorphosirten Außenwelt,
sondern diese mußte ihm, dem neuen Geiste folgen.

Zwei Revolutionen hat Europa schon erlebt, weil es dem
modernen Geiste nicht friedlich folgte: die deutsche und die französische. Eine dritte steht ihm noch bevor. Diese wird das Werk
des modernen Geistes, welches mit der deutschen Reformation begonnen hat, zum Abschluß bringen. Sie wird die praktische

κατ' ἐξοχήν, diejenige sein, welche nicht nur, wie die frühern, einen mehr oder minder großen, einen relativen, sondern welche einen absoluten Einfluß auf das sociale Leben ausüben wird. Die englische Revolution wird sich zur französischen, wie diese zur deutschen verhalten. Man hat schon allgemein, wenn auch kein klares Bewußtsein, aber doch eine trübe Ahnung von dieser Revolution, die, wie man glaubt, England zu Grunde richten werde. Aber Frankreich hat zu seiner Zeit viel, und Deutschland noch mehr gelitten, und beide Länder sind doch nicht zu Grunde gerichtet, sondern aufgerichtet, regenerirt worden. — Wie schrecklich man sich auch die englische Revolution vorstellen mag, sie kann bei der in der Cultur vorgerücktern Zeit nicht blutiger, nicht verderblicher, sie kann nur gründlicher, als die beiden ersten europäischen Revolutionen werden. Wir haben kaum selbstthätig zu wirken begonnen, und schon erschrecken wir vor unserm eignen Geiste! Kühn mag der moderne Geist im Vergleich zu dem frühern Bewußtsein der Menschen erscheinen; aber bildet Euch nicht ein, daß er abentheuerlicher! Oder zeugen etwa die bewußten Bestrebungen der heutigen Societät, die sich auf ihrem Wohnorte einzurichten und ihrem Leben einen Plan zu geben sucht, von einem abentheuerlichen, — jene planlosen Kämpfe und Züge aber, in welchen sich die Menschheit bisher gefallen hat, von einem besonnenen Geiste? —

Das Mittelalter war die moderne Heroenzeit. Aus ihr heraus, wie aus der alten, entwickelten sich am Ende derselben Staaten, Sitten, Gesetze, Institutionen. So weit ging Alles den natürlichen Gang. Aber nun tritt das Charakteristische der modernen Civilisation hervor. Die aus unserer Heroenzeit stammenden Traditionen wollen sich nicht consolidiren, wie im Alterthum. Die moderne Menschheit befriedigt, beruhigt sich nicht bei

dieser natürlichen Entwickelung. Sie hatte den naturnothwendi=
gen Geschichtsgang schon einmal gemacht und verlassen müssen.
An diese Erlebnisse erinnerte sie sich noch zur rechten Zeit, als
dieselben sich eben wiederholen wollten. — Da stutzte sie, da ward
sie mißtrauisch, — und was im Alterthume erst spät, zu spät
erfolgte, womit es endigte, mit der Kritik, begann die moderne
Civilisation. Die Kritik der naturwüchsigen Traditionen des
Mittelalters entstand eigentlich durch Vergleichungen mit dem
Alterthume und dessen Geschichte, — und man kann sagen, das
Alterthum gab dem Mittelalter aus Rache den Todesstoß. —
In Todesnoth ängstigt sich seitdem die moderne Welt; sie hat
jeden Haltpunkt, sie hat den Boden, aus dem sie sproßt, verlo=
ren! Aber diese Todesnoth ist der Geburtsschmerz einer neuen
Schöpfung. — Schon ist die Brücke der Tradition zertrümmert,
der Zusammenhang mit der Vergangenheit abgeschnitten, und die
moderne Welt steht da, verlassen und auf sich selber angewiesen.
Die natürlichen Quellen sind für sie versiegt; nur auf ihren
Geist kann sie ihre Existenz gründen! —

Drittes Capitel.

Deutschland.

Unsere Vergangenheit oder die Geistesfreiheit.

„Aus dem Kelche dieses Geisterreiches
schäumt ihm seine Unendlichkeit!"
Hegel.

Inhalt.

Geist und Natur, Innerliches und Aeußerliches, Gegensätze, aus welchen viele andere folgen, haben uns armen Europäern viel zu schaffen gemacht, und noch kürzlich wieder unsern
lebendigen Leib ihre schneidendste Schärfe schmerzlich empfinden
lassen. Nach einigen Kopfhängern sollen sie so alt, wie die Welt
sein. — Andere, die einer solidern Weltansicht huldigen und sich
gar zu gern nach den ewigen Kämpfen des Ormuzd und Ahriman auch einmal der Ruhe erfreuen möchten, betrachten jene
Gegensätze und Principienkämpfe nicht als starre, sondern als
übergehende und eben nur den Uebergangsperioden eigenthümliche. — Hierüber werden wir nicht streiten, sondern die Geschichte sprechen lassen, wie sie jene Kämpfe in der Menschheit
zum Vorschein kommen ließ; denn am Ende rührt doch unser

ganzes Interesse an diesen Kämpfen von dem Einflusse her, den sie auf uns, auf unser sociales Leben und Wirken haben, — und es dürfte uns sehr gleichgiltig sein, ob in einem Himmel, der die Erde nicht berührt, Ormuzd und Ahriman siege. —

Im Alterthum waren im socialen Leben Geist und Natur, Innerliches und Aeußerliches, d. h. Religion und Politik, Kirche und Staat, noch nicht unterschieden. Eines war im Andern, der Geist in der Natur, veräußert. Die Menschheit, der Geist der Erde, der Weltgeist, war wohl an sich, aber noch nicht für sich vorhanden, — er wußte noch nichts von seinem einigen Dasein. War Friede in der Menschheit, so war's ein natürlicher, kein bewußter; auch ihr Kampf war ein natürlicher, kein Principien= kampf. — Thierisch verschlang eine Nation die andere, und Rom, das heidnische, vereinigte nur äußerlich die alte Welt. Damals aber tauchte in der Menschheit, die sich zum ersten Male als eine einige fühlte, auch das erste Bewußtsein ihrer selbst auf, — Rom wurde christlich. — Die erste, noch traumähnliche Idee ihrer selbst verfolgte die Menschheit mit der ganzen Energie und Schwärmerei der Jugend, — so schlug die alte Welt in ihr Gegen= theil um. Eine universale (katholische) Kirche trat an die Stelle eines universalen Staates, eine abstracte Religion verdrängte eine abstracte Politik. Die Vereinigung der Menschheit sollte keine äußerliche, sondern eine innerliche sein. Auf der andern Seite aber wollte auch die äußerliche Einheit ihr Dasein, der Staat sein altes Recht nicht aufgeben. Dieser war freilich als ein Factum da, — aber eben dieses Factum wurde streitig gemacht!

Feind, Höllenfürst, Fürst der Welt, Antichrist — diese Aus= drücke, welche die Staatsmacht im Gegensatze zur geistlichen Herrschaft bezeichneten, die aber später eine vagere Bedeutung erhielten, datiren von jener Zeit, in welcher das große Weltzer= würfniß, an dem wir noch heute kranken, zuerst hervortrat. — Die Innerlichkeit, die Kirche, der Geist verkündete der Aeußerlich=

keit, dem Staate, der Welt, den Untergang — und wurde dage=
gen von dieser wiederum angefeindet. — Man weiß, daß sich die
christlichen Gemeinden trotz aller Verbote und Verfolgungen der
weltlichen Machthaber im Stillen fortbildeten, und wär' es auch
im höchsten Grade seicht=rationalistisch, die ersten Christen deshalb
anzuklagen und etwa so wie die heutigen Revolutionäre aus der
Jesuitenschule zu beurtheilen, — da sie vielmehr auf Antrieb einer
göttlichen Offenbarung handelten, die ihnen jene bestimmte Aus=
sicht auf den Untergang der alten Welt und auf eine bessere Zu=
kunft der Menschheit gab, welche die Zeit gerechtfertigt hat, so
wurde doch durch sie der Grund gelegt zum Zwiespalt von Staat
und Kirche, zu jenem Zerwürfniß, das die Menschheit wohl vor=
wärts stachelte, ihr aber auch viele Schmerzen machte, und das
wir noch immer nicht ganz überwunden haben. — Später adop=
tirten zwar auch die römischen Cäsaren hin und wieder die christ=
liche Religion, doch war, als dies geschah, die Kirche schon für
sich zu gut organisirt, und der Clerus klug genug, das mächtige
Schwert nicht dem Cäsar zu überliefern. Man hielt lieber am
evangelischen Spruche fest: Gebet dem Kaiser, was des Kaisers,
und Gott, was Gottes ist. — Es zeigte sich auch bald, wie pro=
videntiell diese Trennung von Kirche und Staat damals war.
Denn in Erfüllung gingen die Prophezeiungen des Christen=
thums. **Barbaren** brachten der alten Welt den ihr verkündeten
Untergang. Wären jetzt Kirche und Staat Eins gewesen, so
würde dieser jene mit sich in den Abgrund gezogen haben. Aber
die vom Staate getrennte Kirche blieb nicht nur verschont,
sondern erhielt jetzt gerade das rechte Gebiet ihrer Wirksam=
keit. —

Katholische Revolutionäre aus der französisch = belgischen
Schule, mit der Kirchen=Geschichte vertrauter, als mit der Welt=
Geschichte, haben in neuester Zeit der christlichen Kirche große
Dienste zu leisten geglaubt durch Empfehlung von Mitteln, gleich

jenen, welche die Vorsehung am Anfange der christlichen Zeit brauchte; sie waren im Irrthume. — Was vormals die Kirche am Leben erhalten hatte, würde heute ihren Untergang nur beschleunigen. Das Oberhaupt der katholischen Kirche begriff dieses anfangs besser, und schloß sich nicht an die Revolution, sondern an die Staatsmächte an. Zu ihrem Unglück wurde später die römische Curie ihrem System untreu, schloß sich der kleinen belgischen Revolution an, und intriguirte gegen den großen preußischen Staat. — Hatte die Kirche ihre Taubennatur schon längst verloren, so schien sie nun auch von ihrer Schlangenklugheit verlassen worden zu sein. Die Kirche muß sich jetzt dem Staate anschließen, weil sie in sich selbst keine Kraft mehr hat. Zur Zeit ihres Entstehens war es anders. — Inmitten jener Barbarei, die der geistlichen Autorität eben so bedürftig, wir für Belehrung empfänglich war, erstarkte sie und erlangte endlich den Triumph, die Gewalt der weltlichen Fürsten sich gänzlich unterthan zu sehen. Natürlich! diesen fehlte noch die beste Stütze aller Oberherrschaft; ihre Souverainetät war nur eine materielle. — Als aber endlich die Barbaren human, die Nationen und ihre Fürsten christlich, wenigstens christlicher als ihre entarteten Lehrer geworden waren, da konnten sich die Fürsten wieder mit ihren Völkern gegen die kirchliche Superiorität verbinden. — Hätte nun die national-fürstliche Macht das der römisch-katholischen entwundene Schwert recht zu handhaben gewußt, so wäre damals schon die alte Einheit von Staat und Kirche, durch das Christenthum vermittelt, für immer wieder hergestellt gewesen. Allein der Staat, noch nicht genug vom heiligen Geiste durchdrungen, um die absolute Souverainetät über alle Parteien ausüben zu können, war vielmehr selbst noch zu sehr Partei, als daß er sogleich die Einheit in der Gesellschaft hätte herstellen und ihr vorstehen können. Fanatismus, Intoleranz waren noch auf beiden Seiten, im „protestantischen" Staate wie in der „katholischen" Religion. Nur weil

Eines das Andere nicht zu überwinden vermochte, entschied man sich dahin, den beiderseits verderblichen Kampf aufzugeben. Die Feinde, entkräftet, aber noch nicht versöhnt, traten an einander hin und gelobten sich gegenseitig zu respectiren. Das nannte man einen ewigen Frieden. — Es war in der That nur ein Waffenstillstand auf unbestimmte Zeit. Von nun an strebte jeder Theil zwar nicht offen, aber heimlich, den andern zu unterbrücken, — bis endlich in neuester Zeit die dem Erlöschen nahe geglaubte Gluth wieder angefacht wurde. — Es fragt sich nur, ob die Sachen noch so wie im siebzehnten Jahrhundert, ob noch immer nur zwei Mächte, gleich stark, sich einander feindlich gegenüber stehen, oder aber ob nicht eine neue dritte Macht als Versöhnerin hinzugekommen sei. — So viel ist gewiß, unmittelbar nach dem dreißigjährigen Kriege hatte sich jene so eben angedeutete, in diesem Buche näher zu beleuchtende dritte Macht noch nicht hinlänglich entfaltet, — die Geschichte will ihre Zeit haben. Man mußte erst im Leben die Erfahrung machen, daß kein Staat bestehen könne, wenn nicht die Staatsmacht geistig wie materiell über allen Parteien und Confessionen steht.

Einheit ist Grundbedingung, Wesen jedes Bundes, der Bund selber. Negation der Einheit, Zwiespalt, ist auch Negation jedes Bundes. Nun gibt es aber wie im einzelnen Menschen, so auch in der menschlichen Gesellschaft eine innere und eine äußere Einheit, und eben so einen innern und einen äußern Zwiespalt. Wie man im Einzelleben zwischen Seelenfrieden und körperlicher Gesundheit, zwischen Sünde und Krankheit unterscheidet, so kann man auch im Leben der Menschheit zwischen geistiger und materieller Harmonie, zwischen geistigem und materiellem Zerwürfniß unterscheiden. Kann auch hier wie dort das Innere vom Äußern nie ganz getrennt werden, so zeigt uns doch die Jahrtausende

7 *

große Geschichte von der menschlichen Gesellschaft, wie die tägliche Erfahrung vom einzelnen Menschen, daß bei Körperkrankheit dennoch Seelenfriede, und, umgekehrt, trotz körperlicher Gesundheit inneres Zerwürfniß möglich sei. — Die wahre Einheit, die absolute, in welcher innere und äußere Harmonie beisammen sind, war bis jetzt noch nirgend verwirklicht. Dem Heidenthume war Alles, d. h. Jedes Gott, wonach unendlich viele Götter oder Einheiten existiren mußten. Man kann dies einen äußerlichen, materiellen Pantheismus nennen, der auch die schlechte Wirklichkeit heiligt und vergöttert. Dagegen war dem Judenthume und Christenthume Gott der unsichtbare Grund von Allem, der Alles geschaffen hat, welche Schöpfung, die Welt, nicht Gott ist. Man kann diese Weltanschauung einen innerlichen, ideellen Pantheismus nennen, welcher auch die heilige Wirklichkeit profanirt und entgöttert. — Bis heute also siechte die Welt an einem Dualismus, der nach einer consequenten Durchführung im Leben ihr den Tod bringen mußte und auch wirklich brachte. — Das Alterthum mußte sterben, weil am Ende seine Götter verteufelt wurden; das Mittelalter, weil seine Teufel endlich wieder zu Ehren kamen.

War aber auch die absolute Einheit bis jetzt noch nirgend verwirklicht, so muß doch anerkannt werden, daß es an der Idee einer relativen Einheit und an der wirklichen Herrschaft derselben im Leben nirgend gefehlt hat. Der Dualismus, die Zweiherrschaft, wo sie wirklich hervortrat, brachte dem Leben immer Tod und Verjüngung. — Eine Trennung von Staat und Kirche, wie man sie in Uebergangsperioden, in Revolutionszeiten antrifft, hatte nie länger, als eben diese, Bestand, war also immer nur eine ephemere Erscheinung. Die höchste Gewalt konnte nie getrennt, getheilt bleiben; entweder der Staat, oder die Kirche, oder Keines von Beiden war in deren Besitz. — In natürlichen Zuständen war es der Staat. So im Alterthume. Allein die

vorchriftliche Zeit hatte es zu keiner höheren, als der nationalen
Einheit (die nur eine relative war) bringen können. Die Gesetze
waren eben so beschränkt, als die Begriffe, und als sich der Hori=
zont zu erweitern begann, zerfielen jene in Staub und diese gin=
gen in Dunst auf. — Es war ein Cyclus der Weltgeschichte
durchlaufen. Die factisch eingetretene Erlösung vom alten Gesetze
wurde durch eine neue Offenbarung sanctionirt, deren positive
Wirksamkeit ins Leben trat, als die mittelalterliche Barbarei die
alte Civilisation vernichtet hatte. Sie, die zweite göttliche Offen=
barung, sollte nun eine neue Civilisation, ein neues Leben schaf=
fen, und dieses geschah durch die Kirche. — Im Besitze der höch=
sten Gewalt, während dieses Mittelzustandes zwischen dem ursprüng=
lichen und wiedergebornen, verlor sie dieselbe wieder, als das
Mittelalter zu Ende war, als Christus gesiegt hatte. — Wie
ehemals ein Zerwürfniß zwischen den alten Staaten und dem
gegen sie protestirenden humanen Geiste entstand, so jetzt eines
zwischen der katholischen Kirche und den gegen sie protestirenden
humanen Nationen. Es war wieder ein Cyclus beschlossen.
Zur Zeit Christi, da es galt, die Nationen zu humanisiren, mußte
das Streben der Zeit dahin gehen, der Kirche alle Macht zuzu=
wenden. Jetzt aber, nachdem die Kirche ihren Zweck erreicht hatte,
mußte sie eben deshalb wieder in den Staat übergehen. —
Ohne sich wieder der schlechten Wirklichkeit, dem Alterthume zu=
zuwenden, strebt doch von nun an die Zeit wieder dahin, dem
Staate, in so fern er eben selbst ein heiliger geworden ist, alle
Macht zuzuwenden.

Noch nicht lange ist die Zeit verflossen, in welcher man die
höchste Gewalt auf Nichts reduciren wollte, damit nur das Indi=
viduum in seiner Freiheit (Willkür) nicht gestört werde. Obgleich
diese, jede höchste Gewalt negirenden, Tendenzen nicht so bald
ins Leben traten, als sie auch schon wieder in ihr Gegentheil
umschlugen, — da ja, wie bekannt, nie eine rücksichtslosere Tyran=

nel herrschte, als die war, welche der zu weit ausgeschweiften
französischen Revolution auf dem Fuße folgte, — so spukt doch
noch von jener Zeit her in vielen Köpfen ein Phantom von in=
dividueller Freiheit und Naturrecht, welches in Revolutions= oder
Uebergangszeiten auftaucht, um eine alternde Welt ihrer drücken=
den Lebensbürde zu entheben und ein neues Leben vorzubereiten.
Das Verlangen nach Freiheit und Naturrecht findet sich stets da
vor, wo ein abgelebter Körper, nach einer neuen Gestaltung rin=
gend, sich von der alten zu befreien strebt, um verjüngt auferstehen
zu können. Da ist kein Glied mehr mit seiner Stellung zufrie=
den, und in der allgemeinen Unzufriedenheit lösen sich alle Ver=
hältnisse. So strebte denn auch, als das Mittelalter zu Ende
gegangen war, der Geist der Zeit zunächst nur dahin, die Fesseln
zu sprengen, welche ihn in seinen weitern Bestrebungen hemmten.
Freiheit! war der allgemeine Nothschrei. So viel positiver, orga=
nischer Schöpfungstrieb aber auch in dem Streben nach Freiheit
liegt, so war doch das erste Streben nach Freiheit nur ein abstra=
ctes. — Die Freiheit ist nur negativer Natur, wo sie von Glie=
dern gegen einen ganzen, sie umfassenden Organismus in Anspruch
genommen wird. Mit diesen Ansprüchen mußte allerdings die
Wiedergeburt Europas in allen ihren Stadien beginnen. Wie
man aber mit dem protestantischen Losungsworte „Denkfreiheit"
wohl die mittelalterliche Kirche untergraben, aber keine neue orga=
nisiren konnte, so vermochte auch in jüngster Zeit jener Nothschrei
nach Freiheit wohl die alte Ordnung zu erschüttern, aber keine
neue zu schaffen. Die individuelle Freiheit als gestaltendes, orga=
nisirendes Princip geltend zu machen, dieses unsinnige Vorhaben
bedarf keiner Widerlegung mehr von Seiten der Wissenschaft, weil
das Leben sie schon geliefert hat. — Ein Menschenverein ohne
höchste Gewalt, welche die verschiedenen Interessen zu vereinigen
hat, muß sich nothwendig in sich selbst aufreiben, — gerade so wie
der einzelne Mensch, dessen verschiedene Triebe nicht von Einer

höchsten Macht beherrscht werden, von seinen Leidenschaften zu
Grunde gerichtet wird.

Auf keiner solideren Basis, als der abstracte Liberalismus,
beruht der abstracte Rationalismus, welcher dieselbe individuelle
Freiheit oder subjective Willkür, die jener dem Handeln vindicirt,
dem Denken vindiciren will. — Von demselben falschen Princip
ausgehend, gelangen Rationalisten und Liberale, zwar auf ver-
schiedenem Wege, zu demselben falschen Resultate: die lebendige
Einheit von Staat und Kirche zu trennen, und auf diese Weise
den Nerv der gesellschaftlichen Ordnung, die höchste Gewalt, zu
zerschneiden. — Die Reformatoren und Revolutionsmänner, diese
Zerstörer des Mittelalters, richteten ihre negirenden Principien
gegen die Vergangenheit. Die Rationalisten und Liberalen
aber, diese Schlagschatten der Reformatoren und Revolutionsmänner, ragen mit ihrer flachen, aufgespreizten Subjectivität in die
Zukunft hinein. — Spinoza hat mit der ihm eignen dialektischen
Schärfe längst nachgewiesen, wie es zunächst erste Bedingung
jedes geselligen Vereines sei, alle Macht und alles Recht einer
höchsten Gewalt zu übertragen. Nicht allein im bürgerlichen,
sondern auch in Angelegenheiten der Religion hat, nach ihm, die
Obrigkeit das Recht, Alles zu beschließen, was sie für das gemeinsame Wohl angemessen erachtet. Es gebe zwar Viele, meint er,
welche der Obrigkeit dieses Recht, über Gegenstände der Religion
zu entscheiden, absprechen; da jedoch die Menschen gerade in der
Religion am meisten zu irren pflegten, so sei klar, daß wenn der
Bürger in dieser Beziehung dem Staate keinen Gehorsam schul-
dig wäre, der Staat von den verschiedensten Urtheilen und Leidenschaften abhängen würde. — Wo ein Conflict zwischen Obrigkeit
und Unterthan im Punkte der Religion vorauszusehen, — wenn
etwa jene heidnisch, dieser aber Christ wäre, — da müßte dieser
sich nicht unter jene begeben und lieber das Aeußerste ertragen,
als in einem Staate leben, der von einer (nach der Voraussetzung)

seiner Religion feindlichen Obrigkeit vertreten wird. Habe er sich aber einmal unter eine solche Obrigkeit begeben, so sollte er sich schämen, noch von einem eignen Rechte in Religionssachen zu sprechen, da das Recht der höchsten Gewalt nicht getheilt werden könne, ohne der Anarchie Thür und Thor zu öffnen*). Das sind ungefähr die eignen, für uns in mehr denn Einer Beziehung höchst merkwürdigen Worte eines Mannes, der wohl nichts weniger, als ein Gegner der wahren Geistesfreiheit war, der aber jede Opposition gegen die höchste Staatsmacht dennoch (ebendeshalb) für unrecht hielt. In der That kann kein Recht mit jenem der höchsten Gewalt collidiren, da diese ihrem Wesen nach alles Recht in sich vereinigt. Das Recht ist eben die Macht, sich Gehorsam zu verschaffen, und nichts ist wahrer, als jenes Göthe'sche Wort: „Wo die Macht ist, da ist auch das Recht." Allein dieser hart klingende Ausspruch muß durch eine nähere Bestimmung des Begriffes „Macht" erläutert werden, denn so, wie er da steht, könnte er nur zu leicht mißverstanden werden. — Die materielle Macht allein kann niemals die höchste sein. Wahrhaft mächtig ist nur der geistig Starke, — und hat nach allem Gesagten die höchste Gewalt ihr Recht, wie ihre Macht, keinem bloß buchstäblichen Vertrage, so hat sie doch auch Beides keiner bloß äußern Gewalt zu verdanken. Der gegenwärtige Welt- oder Zeitgeist ist der Genius, der alle Macht im Staate verleiht. Die Intelligenz des Staates muß in seiner höchsten Gewalt, wenn diese anders keine bloß ephemere ist, repräsentirt sein. Nicht nach der Zahl von Bayonetten, aber auch nicht nach dem Buchstaben einer Charte kann das Verhältniß der höchsten Gewalt zu ihren Unterthanen bestimmt werden. Es kommt Alles auf den der Staatsmacht inwohnenden Geist an. Ist dieser der rechte, so wird keine äußerliche Verletzung eben so äußerlicher Verträge und Gesetze sie stür-

---

*) Tract. Theol. Polit., 2. Abschnitt.

zen, wie die Geschichte oft genug gelehrt hat. — Umgekehrt, ist er der unrechte, so kann kein äußerliches, geschriebenes Gesetz dieselbe auf die Dauer erhalten. Staatsmächte werden nicht nach dem Corpus=Juris gerichtet, — sie haben keinen andern Richter über sich, als den in der Weltgeschichte verwirklichten Geist Gottes.

Zur nähern Bestimmung des Verhältnisses der souverainen Staatsmacht zu den verschiedenen religiösen Subjectivitäten ist eine Untersuchung nöthig, in welche Diejenigen, die mit dem Worte „Gewissensfreiheit" Alles abgethan zu haben glauben, selten eingehen. — Es ist wohl keinem Zweifel unterworfen, daß der Souverain seine Macht nicht unmittelbar über die Gemüther ausdehnen kann und darf. Die Zeit des unmittelbaren Glaubens ist für immer dahin, daher kann auch von einer geistlichen Autorität keine Rede mehr sein. Was einst Rom über rohe schlichte Naturmenschen vermochte, das vermögen keine Regierungen mehr über ihre Völker. Dennoch aber kann und darf sich die Staatsmacht auch nicht indifferent in den wichtigsten Angelegenheiten der Gesellschaft verhalten. Sie hat nicht allein — was nur ihr negativer Beruf — darüber zu wachen, daß keine der Gesellschaft verderbliche Lehre aufkomme; sondern ihr, als Repräsentantin des ganzen socialen Lebens, liegt es auch ob, die Religion, das Gottesbewußtsein positiv zu fördern. So gewiß als sie ihre Macht nicht unmittelbar über die Geister ausdehnen kann und soll, eben so gewiß kann und darf sie auch das Innerliche nicht gleichgiltig als ein ihr Fremdes aus ihrem Gebiete lassen, — sie müßte sich denn des Fundaments ihrer Macht begeben wollen. — Förderung des allgemeinen Wohles ist anerkanntermaßen erste Pflicht, wie tiefste Grundlage des Staates. Aber das allgemeinste und edelste Gut ist das geistige, jenes einige

Gottesbewußtsein, das durch sittlich=religiöse Bildung gefördert wird; dieses innere Gut ist sogar Bedingung jedes äußern materiellen Wohles! Die Ewigkeit der Geister ist in der That der Grund aller gesellschaftlichen Ordnung, und mit den geistigen Zerwürfnissen würden auch die anderen aufhören. Das Geistige muß gewiß als eines der wesentlichsten Momente der höchsten Staatsmacht betrachtet werden. Achtzehn Jahrhunderte haben zur Genüge gezeigt, welche Störungen und Kämpfe das Gegentheil erzeugt. Ja wenn der Staat anders eine innere Bürgschaft des Friedens gewähren soll, so darf er nicht nur der Religion zur Seite stehen, sie nach Umständen schützen, fördern, oder hemmen, unterdrücken, — nein! er muß selbst Religion, Gottesbewußtsein haben, und dieses durch die zweckmäßigsten Mittel verbreiten . . . Aber hiermit wäre ja die Nothwendigkeit einer Staatsreligion ausgesprochen! —

Wenn sich die neueste Zeit, obgleich ihre geistige Anarchie den Culminationspunkt erreicht, und sogar schon überschritten hat, noch immer vor einer Staatsreligion wie vor einem Gespenste scheut, so rührt dieses daher, weil man gewohnt ist, unter einem religiösen Staate einen solchen zu verstehen, der einer bestimmten Confession zugethan ist. Da nun in unserer Zeit wenige Staaten existiren, die nicht von verschiedenen Confessionen Unterthanen enthielten, so würde freilich heutzutage eine Staatsmacht, die nur irgend eine bestimmte Confession, nicht die Einheit der verschiedenen von ihr umfaßten religiösen Individualitäten repräsentirte, zu einem Theile ihrer Unterthanen eine feindliche Stellung haben. Der Staat soll aber die friedliche Einheit der in ihrer Isolirtheit feindlichen Interessen sein. Wozu anders befänden sich die Menschen in einem Bunde, als um allen speciellen Haß auf dem Altar der allgemeinen Liebe zu opfern? —

Wenn nun aber die, welche dieser Vereinigung, diesem Bunde
vorstehen, wenn die höchste Staatsmacht selbst nur eine der niedrigen Mächte ist, die vermittelt werden sollen, — dann wäre ja
der Staat ein größeres Uebel als der Naturzustand, wo doch
wenigstens der Haß nicht sanctionirt, die Gegensätzlichkeit nicht in
ein System gebracht und gleichsam verewigt ist. Gerade dieses
war's ja, was die Revolution heraufbeschworen hatte; denn
allerdings hatte die historische Entwicklung des gesellschaftlichen
Lebens eine solche Sanctionirung des Zwiespaltes mit sich geführt. Der Zwiespalt mußte erst nach Innen, wie nach Außen,
auf die Spitze getrieben werden, um sein Ende zu erreichen, um
die Einsicht in die nothwendigen Bedingungen des socialen Lebens zu erzeugen. — Ist aber auch das absolute Ende jener
historischen Entwicklung noch nicht erreicht, so ist doch mindestens
in Ansehung der Religion ein Standpunkt gewonnen, wo alle
Confessionen gleichmäßig berücksichtigt werden können. Es hat
der Menschheit und namentlich uns Deutschen Blut genug geko-
stet, diese Höhe zu erringen, — wir haben das theure Gut nicht
zu wohlfeil bezahlt, — und bei Gott, um keinen geringern Preis
würden wir es wieder verkaufen!

Man hat sich bis jetzt mit der Negation der falschen Staatsreligion begnügt, ohne zur wahren fortzuschreiten. Bevor die
Religion in ihrer innern, nothwendigen Einheit mit dem Leben, der Welt, dem Staate begriffen werden konnte, mußten die
zufälligen oder äußerlichen Einheiten von Staat und Kirche
erst negirt werden. Die Geschichte hat diese zufälligen, relativen
Einheiten nach zwei Hauptrichtungen hin zur Erscheinung gebracht
und am Ende negirt, um an die Stelle der einseitigen die absolute Einheit zu setzen. — Einseitig und zufällig war die Einheit
von Religion und Leben bis zur Zeit der christlichen Kirche; Le-

bens= und Gottesbewußtsein waren bis dahin nur einig, insofern das unmittelbare, natürliche Bewußtsein überhaupt ein einiges ist. — Was der ursprünglichen Bewußtlosigkeit oder Paradieses= unschuld unmittelbar folgte, war das durch den räumlichen Con= flict der Außenwelt erzeugte natürliche Lebens= oder Gottesbe= wußtsein. Wie dieses Bewußtsein dem ersten Conflicte der Au= ßenwelt seinen Anfang, so hatte es den sich stets mehrenden und steigernden Collisionen dieser Welt seinen Fortgang und endlich seinen Schluß zu verdanken. Die heilige Geschichte erzählt vom ersten Menschenpaare, daß ihm erst die Augen aufgegangen seien, nachdem es gesündigt habe. Wie einfach=wahr, wie erhaben= schön ist diese Erzählung! — Vor dem Genusse vom „Baume der Erkenntniß" war das ursprüngliche Einssein, die völlige Un= unterschiedenheit, das Nichtdasein einer jeden Bestimmtheit, eines jeden Unterschiedes, Zweifels oder Zwiespaltes, wie im Leben, so auch im Bewußtsein der ersten Menschen noch nicht verloren ge= gangen. — Der erste Gegensatz im Leben, der seruale, diese erste „Sünde" nach der Redeweise der heiligen Schrift, hat die erste Entzweiung und die erste bewußte Einheit, das erste einige Be= wußtsein erzeugt. Der natürliche Conflict, und mit ihm das na= türliche Bewußtsein, steigerte sich aber vom serualen bis zum Weltzerwürfniß. — Die Offenbarungsgeschichte von Gott dem Vater ist die Entwickelungsgeschichte des natürlichen Bewußtseins, mit Adam beginnend, mit Christus endigend; als Alles in Wi= derspruch oder Sünde verfallen war, als die Natur an sich nicht mehr über den Zwiespalt hinausgehen konnte, hatte die Natür= lichkeit ihr Ende erreicht. Die Außenwelt, ganz mit sich zer= fallen, geht nun in sich, wird auf das Innerliche, den Geist hin= gewiesen. Aber dieses geistige Gottesbewußtsein, sofern es das natürliche noch zu seinem Gegensatze hat, ist selbst wieder ein ein= seitiges. Einseitig und zufällig war auch die Einheit von Reli= gion und Leben in der christlichen Kirche; nur deshalb waren

Gottes- und Lebensbewußtfein im Mittelalter nicht unterfchieden,
weil beide nur auf das bloße Regiren der Außenwelt begründet
waren. Die Offenbarungsgefchichte von Gott dem Sohne ift die
Gefchichte des Kampfes von Innen- und Außenwelt, von Wahrheit und Irrthum, von Ewigem und Endlichem. Diefer Kampf,
der als welthiftorifcher mit der Völkerwanderung begonnen und mit
der franzöfifchen Revolution geendigt hatte, wurde eben dadurch
zum Schluffe gebracht, weil der Gegenfatz von Innen- und Außenwelt, von Wahrheit und Irrthum, von Ewigem und Endlichem ganz und gar aufgehoben, — weil die abfolute Einheit,
jedoch nicht, wie in der Paradiefesunfchuld des Naturlebens, die
unbewußte, fondern die bewußte wieder hergeftellt worden. Eine
wahrhaft neue Gefchichte beginnt jetzt wieder, wie im Anfange
der Welt, fich zu entwickeln. Aber diefe neue Entwicklung ift,
wie ihr Urfprung, eine felbftbewußte. — Die alte Gefchichte war
die Gefchichte der natürlichen, unmittelbaren Geiftesthat, die mittelalterliche war die Gefchichte der Vermittlung von Geift und
Natur, die neue aber ift die Gefchichte der vermittelten, felbftbe-
wußten Geiftesthat.

Welt und Gottesbewußtfein, Staat und Kirche, waren in
den beiden erften Hauptperioden der heiligen Gefchichte, im Alterthum und Mittelalter, niemals fo unterfchieden, wie unfere flache,
neuere Zeit mit ihrem feichten, reflectirenden Verftande diefe lebendige Einheit aufgefaßt hat. Keine philofophifche Abftraction,
fondern concretes Leben ift das Gottesbewußtfein von jeher gewefen. — Man hat in neuerer Zeit Namen erfunden und mit
ihnen den alten und mittelalterlichen Offenbarungsglauben, das
Lebens- und Gottesbewußtfein der Heiden, Juden und Chriften
richtig zu bezeichnen geglaubt. Allein diefe Namen bezeichnen
nur die verftändigen Abftractionen der alten römifchen und neuen
römifch-germanifchen Uebergangszeit, nicht das organifche Leben
der antifen und mittelalterlichen Welt. Chriften und Juden wa-

ren so wenig Theisten, als die Heiden Atheisten waren. Wollt
Ihr durchaus einen Namen haben, so nennt jene die ideellen,
diese die materiellen Pantheisten. — Die Gegensätze aber von
Theismus und Atheismus sind die todtgebornen Kinder un-
glückseliger Jahrhunderte. In Zeiten, aus welchen Gott gewichen ist, müssen die verlassenen Menschen das Göttliche und
Ewige entweder außerhalb und jenseits des gegenwärtigen Lebens
suchen, oder gar nicht daran glauben. — Diese Geistesrichtung hat aber nicht die Kraft, einen geselligen Bund zu erhalten,
viel weniger einen zu schaffen. Der abstracte Theismus kann
nur, wie sein Zwillingsbruder, der abstracte Atheismus, zerstören!
Es hat noch nie einen socialen Bund von Theisten, so wenig als
von Atheisten gegeben! — Juden- und Christenthum, wenn man
diese welthistorischen Religionen nicht auffaßt, wie sie in unserer
Uebergangszeit erscheinen, kahl und seicht, ohne Leben und ohne
schöpferische Kraft, — wenn man ihren Genius da aufsucht, wo
er sich im Leben geoffenbart, — sind die beiden ersten Manifestationen des göttlichen Lebens in der Geschichte des Weltgeistes
oder der fortschreitenden, westlichen Menschheit. — Die alten Juden lebten und webten in Gott, so gut wie die mittelalterlichen
Christen, die da fühlten, und wie wir, die da erkennen, daß Gott
Alles in Allem sei. — Aber der Gott Abraham's, Isaak's und
Jakob's, der Gott der Väter, war nur ein Nationalgott, während
der Gott der Christen ein Menschheits- oder Mensch-Gott ist. —
Hegel sagte, mit dem Judenthume habe die Religion der geistigen Individualität angefangen, und dieser Anfang sei die
Religion der Erhabenheit. Hiermit wäre aber das Judenthum
schon Christenthum. Die ganze antike Welt hat es noch nicht
zur geistigen Individualität gebracht. Das Judenthum steht
zwischen der orientalischen und classischen Welt in der Mitte; es
hat in seinem Wesen die contemplative Einheit des orientalischen
Pantheismus und das Individuelle des classischen Polytheismus.

Hierdurch bekommt es den Schein der geistigen Individualität; wirklich aber gehört es, wie das ganze Alterthum, noch der Natürlichkeit an. Denn die Einheit der orientalischen und der Individualismus der classischen Welt sind beide noch mit der Unmittelbarkeit und Natürlichkeit behaftet, und eben diese ist es, wodurch sich das Judenthum, wie die ganze alte Welt, von der modernen unterscheidet. Das Judenthum hat alle Momente des antiken, wie das Christenthum alle Gegensätze des modernen Gottesbewußtseins in sich aufgehoben. Das Judenthum ist daher am Ende, wie das Christenthum, als das Grundprincip der geschichtlichen Bewegung aufzufassen. Juden mußten da sein als Stachel im Leibe der westlichen Menschheit. Wie der Osten einer chinesischen Mauer beburfte, um in seinem unbeweglichen Dasein nicht gestört zu werden, so sind die Juden das Ferment der westlichen Menschheit, vom Anfange an dazu berufen, ihr den Typus der Bewegung aufzudrücken. —

Als die Zeiten erfüllt waren, warfen die Juden ihren Gährungsstoff in die Menschheit hinein. — Man hat es ihnen übel genommen, daß die Masse derselben zur Zeit Christi nur an die Restauration ihres kleinen Staates dachte, und sich nicht zur großen Idee ihres Christus erheben konnte. Aber man hat nicht bedacht, daß die Träger eines alten Princips unfähig sind, ein neues Princip aufzunehmen; denn die Principien verwachsen, verknöchern und antiquiren gleichzeitig mit ihren Trägern. Die Juden lebten bis dahin ein unmittelbares Leben der Gegenwart. Da tritt ein Genius auf, der das gegenwärtige, schlechte Dasein zu verachten, einer bessern Zukunft zu opfern lehrt. — Wir haben uns um so weniger zu wundern, daß damals das Volk die erhabene Idee nicht fassen konnte, als diese noch jetzt von den Meisten mißverstanden wird. — Seht nicht so verächtlich auf den „ewigen Juden" herab. Vergeßt nicht, daß es Euch mit Eurer Hoffnung auf die Wiederkunft des Herrn mutatis mutandis eben so erging,

wie ben Juben mit ihrer Hoffnung auf ben Meffias. — Es ift
wahr, bie Juben, nachbem fie fich ihrer Zukunftsibee begeben,
Chriftus ausgeftoßen hatten, blieben nur noch als entfeelte Mu-
mien zurück. Der Fluch ber Stabilität laftete von nun an auf
ben Kinbern Israel's, unb einem Gespenfte gleich wanbelten fie
feitbem burch bie lebenbige, vom Geifte Gottes bewegte Welt,
unb konnten nicht fterben, nicht auferftehen. Das verjüngenbe
Princip bes Jubenthums, ber Meffiasglaube, ift erlofchen, unb
ihre Hoffnung auf Erlöfung, nachbem fie bie wirkliche mißver-
ftanben hatten, ift zu einer kahlen Abftraction zufammenge-
fchrumpft. — Erging es aber ben Chriften mit ihrer Hoffnung
auf ben Sieg Chrifti anbers? Diefe Hoffnung befeelte bas ganze
Mittelalter. Nachbem aber Chriftus wirklich gefiegt hatte, haben
bie Chriften, welche bie neue Zeit nicht begreifen konnten, ihre
Hoffnung ebenfalls von ber Erbe in ben Himmel verlegt. Das
verjüngenbe Princip ber chriftlichen Kirche ift ebenfalls erlofchen;
bie Hoffnung auf ben Sieg unb bie Wieberkunft bes Herrn er-
fcheint jetzt in ber chriftlichen Kirche gerabe fo, wie ber Meffiasglaube im Jubenthume, nur noch als entbehrliches Anhängfel,
bas man auszufcheiben ober in bie blaue Ferne zu fchieben geneigt
ift. Luther war ber letzte Chrift, ber biefe Hoffnung noch leben-
big unb mit Zuverficht hegte. Er verkünbete beren nahe Erfüllung in biefen benkwürbigen Worten: „Es ift Alles aus unb er-
füllet, bas heilige römifche Reich ift am Enbe, ber Türk auf's
Höchfte kommen, bie Pracht bes Papfthums fällt bahin, unb es
krankt bie Welt an allen Enben faft, als wollte fie fchier brechen
unb fallen. Denn baß jetzt baffelbige römifche Reich unter unferm
Kaifer Karolo ein wenig auffteigt unb mächtiger wirb, benn es
zeither gewefen, bünkt mich, als fei es am Letzten unb bei Gott
eben ein folches Ding, als wenn ein Licht ober Strohhalm gar
ausgebrannt jetzt erlöfchen will, fo gibt's eine Flamme von fich,
als wollt's allererft recht anbrennen, unb eben mit bemfelbigen

geht's aus — gleich wie die Christenheit jetzt auch thut mit so
hellem Evangelion." .... Diese Prophezeiung des deutschen
Mannes ist wahr geworden, wahr bis in ihre kleinsten Züge. —
Als Christus gesiegt hatte, war die Mission der christlichen Kirche
erfüllt. Aber — dem Geiste Vieler war es wieder zu schwer, sich
in einen ganz neuen Ideengang zu versetzen, oder richtiger, es
fehlte der Masse wieder zu sehr an Geist, um mit den Besten der
Zeit fortzuschreiten, um Träger eines neuen Princips zu werden. —
Denn nicht der Geist, sondern der Leib, die Geistlosigkeit steht
unter dem Gesetze der Trägheit und Stabilität. — Hat man
auch der Blindheit der Juden zur Zeit Christi eine philiströse
Lebensgier unterlegen können, so ist doch dieser Grund offenbar
unzureichend, um das ähnliche Phänomen bei den Christen zur
Zeit der Erfüllung ihres kirchlichen Lebens zu erklären. Denn
dieses Leben war ja eben nicht von „dieser" Welt, und gerade
umgekehrt, als zur Zeit Christi, sollte gerade jetzt das Verachten
und Opfern des gegenwärtigen Daseins, weil es aus einem schlechten ein versöhntes geworden, aufhören. Was konnte mithin die
Masse abgehalten haben, aus dem Gegensatze eines „dießseitigen"
und „jenseitigen" Lebens heraus wieder zum einheitlichen zu
gelangen, wenn nicht Mangel an heiligem Geiste? —

Die sich immer mehr realisirende Spinoza'sche Idee der
absoluten Einheit alles Lebens ist die dritte Macht, welche den
Kampf des Staates und der Kirche, der Endlichkeit und Ewigkeit u. s. w. ausgleicht und zu Ende führt. Diese Idee der
absoluten Einheit ist ein Product der heiligen Geschichte. Sie ist
mitten aus dem zerfallenen heiligen römischen Reiche heraus, am
Schlusse des breißigjährigen Krieges, wie die Idee der christlichen
Kirche aus dem zerfallenen heiligen jüdischen Staate und am
Schlusse desselben, zum Vorschein gekommen. — Ihr Mittel- und

8

Schwerpunkt ist jenes Gottesbewußtsein, dessen zwei Seiten die zwei Offenbarungsgeschichten ausfüllen. In ihr sind alle Momente der beiden ersten Offenbarungen Gottes vereinigt. Der gottbewußte Mensch unserer Zeit ist mehr als Heide, Jude, Katholik und Protestant; denn alle diese Momente des Geistes hat er, wie Adam alle Momente der Natur, in sich aufgenommen, und wie dieser als Einheit der verschiedenen Manifestationen der Erde den Ehrennamen אדם verdiente, so gebührt ihm, der die verschiedenen Manifestationen der Menschheit in sich aufgenommen hat, der Ehrenname Mensch. — Der absolute Mensch hat nicht nur als vollkommener Organismus, wie Adam, den Raum, sondern auch als vollkommener Geist die Zeit überwunden, und steht über allen geschichtlichen Offenbarungen, wie über allen natürlichen Creaturen. — Nicht die Existenz der verschiedenen natürlichen und geistigen Manifestationen läugnet er, er erkennt vielmehr die Nothwendigkeit aller Erscheinungen in Natur und Geschichte als eben so viele Stufen an, welche das Leben, um zu seiner Vollkommenheit zu gelangen, durchlaufen muß. Aber er ist von der Wahrheit lebendig durchdrungen, daß alle diese Stufen, die isolirt, zeitlich nach einander folgen und räumlich auseinander gehen, im vollkommnen, totalen Leben vereinigt sein müssen. — Nun aber ist der Staat das Gebiet, wo jene Momente oder Stufen des geistigen Lebens eben so sehr isolirt, als im vollkommnen Leben vereinigt erscheinen, — isolirt in den verschiedenen Unterthanen, vereinigt aber in der höchsten Staatsmacht, sofern sie wirklich höchste ist. — Nach dem allgemeinsten Gesetze des Lebens, nämlich dem der Selbsterhaltung, wird nun natürlich letztere nach Vereinigung der verschiedenen Momente, erstere aber werden zufolge ebendesselben Gesetzes nach isolirter Existenz streben.

Wir kommen hier wieder darauf zurück, daß die höchste Staatsmacht ihrer Natur nach alles Recht in sich vereinige, — nicht weil sie die blos materielle Macht besitze, welche vielmehr

auf Seiten der regierten Maſſe iſt, noch weil ihr wörtlich oder
ausdrücklich alle Rechte von Seiten der Unterthanen übertragen
worden, da eine ſolche Uebertragung an und für ſich nichts garan-
tirt, ſondern — vermöge des Geiſtes, welcher der Menſchheit ihre
Bahn, ihre Geſchichte vorzeichnet. Was in dieſer Beziehung
ſchon oben geſagt worden, kann erſt hier, nachdem wir uns mit
dem Gange der Weltgeſchichte im Allgemeinen und Weſentlichen
bekannt gemacht haben, vollſtändig begriffen werden. Jetzt wiſſen
wir, daß in der Menſchheit, lebte ſie noch heute nach dem Natur-
rechte, hätte ſie keine höchſte Gewalt, der ſie unterthan wäre, jedes
ihrer Momente auf Koſten der übrigen ſich geltend machen und
auf dieſe Weiſe ein Krieg Aller gegen Alle ſtattfinden würde. —
Wir wiſſen ferner, daß etwas Aehnliches, wie dieſer Krieg, in der
Geſchichte wirklich ſtattgefunden, aber ſo, daß die divergirenden
Momente niemals alle auf einmal einander gegenüber ſtanden,
ſondern vom ſexualen bis zum Welt- und Geiſteszerwürfniſſe ge-
ſteigert, immer von relativ höheren Gewalten und endlich von der
abſolut höchſten Gewalt, von der Idee der abſoluten Einheit alles
Lebens überwunden wurden. — Eine relativ höchſte Gewalt war,
wie wir geſehen haben, immer vorhanden, nur daß ſie, der Zeit
ihrer Herrſchaft nach, im Anfange nur einſeitig war, ſpäter immer
vielſeitiger und endlich allſeitig wurde. — Naturrecht in dem
Sinne, daß da, wo ſchon viele Momente der Menſchheit entwickelt
geweſen wären, ein jedes derſelben „frei,“ ohne Rückſicht auf alle
übrigen ſich geltend machen konnte, hatte nie, allenfalls in Revolutionen geherrſcht, die um ſo acuter verliefen, je mehr in ihnen
dieſes mißverſtandene Naturrecht verwirklicht wurde. Ohne höchſte
Gewalt, die alle Momente derſelben in ſich vereinigt, kann keine
Geſellſchaft exiſtiren. Eben deshalb iſt auch weniger ein totaler
Rückfall, ein anarchiſcher Zuſtand, als ein kleiner Rückſchritt zu
früheren, ſchon überwundenen Stufen von Zeit zu Zeit möglich;
denn je kleiner dieſer Rückſchritt iſt, deſtoweniger werden die

Menschen deshalb zur Empörung gegen die ihren Standpunkt verkennende höchste Gewalt geneigt sein, da die Revolution, wenn sie auch zum Zwecke hat, die höchste Gewalt auf die ihr angemessene Stufe zu erheben, ihre Absicht doch nur durch die große Gefahr einer momentanen Suspension der Staatsmacht erreichen kann. — Lange kann aber, der Natur der Sache gemäß, auch der kleinste Rückschritt nicht bestehen, da ja die Staatsmacht ihres eignen Vortheils wegen dahin streben muß, mit dem fortschreitenden, aufsteigenden Zeitgeiste gleichen Schritt zu halten. Lange kann die höchste Gewalt keiner, wenn auch noch so großen, Partei angehören, weil sie, wenn nicht ganz verblendet, die Nachtheile einsehen muß, die sie sich selbst dadurch zuzieht, daß sie nicht wirklich höchste Staatsmacht, sondern nur Parteihäuptling ist. — Die aus einer solchen Stellung hervorgehenden Collisionen sind zu groß, zu häufig, zu unbequem, als daß nicht, wo einmal ein falscher Weg eingeschlagen ist, eben die durch ihn erzeugten Collisionen wieder zum rechten Wege, zur Wahrheit führen müßten. Eine Partei im Besitze der höchsten Gewalt würde freilich, fände sie keine Opposition, eher den Staat, als sich selber negiren. Aber eben diese Opposition kann in einem Staate, der auf der Höhe der Zeit steht, niemals ausbleiben. Gerade in dem Maße, wie die Staatsintelligenz höher, als die Staatsmacht steht, muß diese nothwendig zur ohnmächtigen Partei herabsinken und jene als Opposition mächtig werden. Wozu aber eine so schwierige und gefahrvolle Stellung festhalten, '— da auf der andern Seite die Aufgabe der höchsten Gewalt keineswegs so schwer ist! Der ihr inwohnende Genius der Zeit macht die souveraine Staatsmacht eben so geschickt, als würdig zur Herrschaft. Das wahrhaft Höchste wird sich als solches überall kund geben, — und wo die größten Geister huldigen, da huldigt auch alles Volk. —

Die Geschichte hat sich allerdings, wie aus dem Bisherigen hervorgeht, für die Zulässigkeit einer Staatsreligion entschieden.

Religion und Leben, Kirche und Staat dürfen nicht getrennt sein, wie sie auch niemals in den großen Zeiten der Weltgeschichte getrennt waren. — Aber hoch erhaben, wie Gott über seinen Creaturen, muß die souveraine Gewalt über den ihr untergeordneten verschiedenen Confessionen stehen! Sie soll sie vermitteln, aber nicht einer besondern zugethan sein. Sie soll thätig in das geistige Leben eingreifen, aber nicht die freie Entwicklung der Geister hemmen. Sie soll die Starrheit der Confessionen flüssig machen, aber nicht eine zu Gunsten einer andern zu vernichten streben. Sie soll das Gottesbewußtsein stärken und fördern, aber nicht die Gewissen beunruhigen. Wo die Staatsmacht nicht absolut religiös, sondern katholisch, oder lutherisch, oder evangelisch, kurz wie sie nur confessionell, kirchlich-religiös ist, da erklärt sich freilich die Polemik gegen eine Staatsreligion. Wo aber der Staatsmacht kein dogmatisches, sondern nur das praktische Christenthum am Herzen liegt, da wird sie, von den Besten unterstützt, gewiß jeden Zwiespalt weise zu vermitteln wissen. Eine Staatsreligion in diesem Sinne würde gewiß unter allen Confessionen ihre Anhänger, ihre Vertheidiger finden, — und wahrlich, das würden nicht zu verachtende Kräfte sein! In Deutschland besonders würden sich ihr die besten Kräfte zuwenden; denn hier, wo man zu allen Zeiten so viel Interesse am geistigen Leben genommen hat, hier haben die Confessionen ihre Schroffheit durch große welthistorische Kämpfe verloren, ohne daß man sich deshalb von der Religion entfernt hätte. — Der Vorwurf, den man dem praktischen Christenthume zu machen pflegt, daß es nicht positiv und historisch sei, an religiösen Indifferentismus grenze, diesen Vorwurf hat die deutsche Nation widerlegt. Das gegenwärtig religiöse Deutschland basirt trotz seines erhabenen Standpunktes, ja ebendeshalb auf positiverer und historischerer Grundlage, als in allen früheren Jahrhunderten. Sein Gottesbewußtsein ist erhabener, und das eben durch die Geschichte geworden. Es steht

höher, als in allen früheren Perioden, weil es die reife Frucht
derselben ist. — Es hat seine Gegner in jenem zahlreichen, ver-
krüppelten Pygmäengeschlecht, das nicht mit der Zeit fortgewachsen
ist; aber wenn seine Langmuth geendet und seine Ungeduld erwacht,
schlägt mit leichter Mühe sein Riesenarm alle Zwerge zu Boden.
Jammer= und Klagetöne erheben sich dann, als stehe das Ende
der Welt bevor. — Ja, es ist in der That das Ende einer Welt,
die keine Kraft mehr hat zum offnen Kampfe, und deren List abge=
nutzt ist! — —

Es ist hohe Zeit, daß die unnatürliche Trennung von Reli=
gion und Leben ihr Ende erreiche. — Aber die wahre Einheit, in
welcher die verschiedenen geistigen Interessen eben so sehr, wie die
materiellen, Momente der höchsten Gewalt bilden, ist gleich weit
entfernt von jener monströsen Zusammensetzung, die man mit
Unrecht Staatsreligion nennt, — da sie ja in der That nicht der
Religion, sondern nur einer Confession den Sieg verschaffen
möchte, — als von jenem revolutionären Auseinanderzerren des
religiösen und des Staatslebens, welches, indem es diesem die
Seele und jenem den Körper raubt, beide vernichtet. Freilich
wurde diese trennende Tendenz dadurch hervorgerufen, weil die
entgegengesetzte nach Einheit sich in jener monströsen Gestalt
manifestirt hatte. Allein man bedenke, daß die schlechte Einigung
von Religion und Leben, gegen welche die Opposition sich mit
Recht erhebt, nicht schlechter, ja immer besser, als jene absolute
Negation aller Einheit ist. Nach absoluter Negation, nach Ver=
nichtung aller Religion, wie alles Staatslebens tendiren aber,
wie gesagt, ohne es selbst zu wissen und zu wollen, Jene, die gegen
jede Einheit von Religion und Staatsleben protestiren und be=
haupten, der Staat habe nur von dem, was in die Erscheinung
trete, Notiz zu nehmen, die Religion aber, als ein Innerliches,
ganz unberührt zu lassen. Denn entweder wird hiermit etwas
sehr Triviales behauptet, was Niemand bestreitet und bestreiten

kann, — daß nämlich die Gewalt in ihrer abstracten Aeußerlich=
keit keine Macht auf die abstracte Innerlichkeit habe, — oder, da
doch etwas nicht allgemein Anerkanntes behauptet werden soll,
vielmehr dieses, daß eben jene Trennung von Innerlichkeit und
Aeußerlichkeit festgehalten werden müsse, so daß die „heilige"
Kirche dem „profanen" Staate ganz indifferent gegenüber stehen
bleibe. — Aber diese unheilige Politik und ohnmächtige Religion
haben Staat und Kirche an den Rand des Abgrundes geführt,
haben unser ganzes modernes Leben so erbärmlich=egoistisch ge=
macht, daß wir, aller Begeisterung für große religiöse und poli=
tische Zwecke baar, uns vor Mittelalter und Alterthum in gleichem
Grade schämen müssen! — Ist der Staat, wie er es seiner welt=
historischen Nothwendigkeit gemäß werden muß, mit Bewußtsein
ein heiliger, ist die absolute Religion die Seele aller Thätigkei=
ten der Gesellschaft geworden, dann werden welthistorische Thaten
erstehen, größer und herrlicher als jene, die zur Zeit der relati=
ven Einheit von Staat und Kirche aufgetaucht sind. — Der
ganze Mensch wird sich alsdann, und jetzt mit freiem Bewußtsein,
von der absoluten Einheit des socialen Lebens getragen und ge=
hoben fühlen! —

Viertes Capitel.

Deutschland und Frankreich.

Unsere Gegenwart oder die freie That.

„Voluntas et intellectus unum
et idem sunt.“
Spinoza.
Eth. P. II. Pr. 49. Cor.

Inhalt.

Man hat die Sitten, wie die Religion unserer Zeit als materialistisch verunglimpft; es liegt etwas Wahres, aber noch mehr Falsches in dieser Verunglimpfung. — Ist man im Mittelalter, wo der Geist auf Kosten der Natur erhoben wurde, in ein Extrem verfallen, so ist unsere Zeit vielleicht in ihrem ersten Eifer, dieses Unrecht wieder auszugleichen, auf der andern Seite ebenfalls zu weit gegangen. Aber dieses andere Extrem ist jedenfalls nicht die objective und dauernde Tendenz der Zeit, sondern höchstens momentane subjective Ausschweifung, um deren Verallgemeinerung und Consolidirung es keine Noth hat. — Wie es verschiedene Stufen der Erkenntniß Gottes gibt, so gibt's auch verschiedene Stufen der Sitten: natürliche, rohe, materielle, — geistige, abstracte, spirituelle, — und endlich wieder natürliche, aber durch den Geist vermittelte. Das Verhältniß der Geschlechter ist der beste Spiegel der Sitten, wie jenes von Staat und Kirche der

beste Spiegel der Religion. Im Alterthum war die Liebe eine
äußerliche, natürliche. — Das Sittliche, das Wesentliche der Ehe,
die ächte Liebe war bei den Alten noch nicht ausgebildet; ihr
fehlte noch das Innerliche, Geistige. — Als aber die alte Welt,
von Außen vernichtet, sich in sich selbst zurückziehen mußte, wurde
im Gegentheil die Liebe, wie das Gottesbewußtsein, vergeistigt.
Jeder Umgang, jede Vereinigung der Geschlechter galt von nun
an, wenn nicht ein rein geistiges Verhältniß obwaltete, als
Sünde. Die christlichen Sitten waren eine Negation der heidni=
schen . . . „Worüber ihr mir geschrieben habt, antworte
ich: es ist dem Menschen gut, daß er kein Weib berühre" . . .
(Apostel Paulus); doch waren die christlichen Lehrer zu allen Zei=
ten so vernünftig, mit der natürlichen Liebe zu unterhandeln, und
ihr unter gewissen Bedingungen und eiblichen Zusagen die geist=
liche Weihe zu geben. — — Als endlich der Dualismus im
Gottesbewußtsein, der Gegensatz von Staat und Kirche ver=
schwand, mußte auch der Dualismus in den Sitten, der Gegen=
satz von geistiger und natürlicher Liebe schwinden, — als der
Geist emancipirt war, konnte die Emancipation der Sitten nicht
ausbleiben. Sie wurde durch die französische Revolution ver=
wirklicht. Was die Reformation für die Religion, das war die
französische Revolution für die Sitten. Die Reformation hat
blos den Geist von der Kirche emancipirt; die französische Revo=
lution ist, indem sie die bürgerliche Ehe einsetzte, einen Schritt
weiter gegangen: sie hat auch die Sitten emancipirt.

Wo das Geistige das Natürliche durchdrungen hat, ist die
Natur eben so sehr Geist als Natur, — da hört der Dualismus
mit allen seinen Consequenzen auf. Dualismus ist Abhängigkeit;
wo Zwei herrschen, ist Eins vom Andern abhängig. Einheit
aber ist Freiheit; wer allein herrscht, ist frei, selbstständig. Nach=
dem die Natur den Geist und dieser jene in sich aufgenommen
hatte, waren Natur und Geist von ihrer gegenseitigen Abhängig=

keit emancipirt. Staat und Kirche, natürliche und geistige Liebe
brauchten nicht mehr zu unterhandeln, nachdem sie Eins gewor=
den. Die natürliche Liebe bedurfte keiner geistlichen Sanction
mehr, und der Geist wiederum brauchte sich nichts mehr durch
diese Sanction der natürlichen Liebe zu vergeben. Jetzt gibt es
keine rohe natürliche Liebe mehr, so wenig als eine abstract gei=
stige. — In der katholischen Kirche war die Ehe ein geistliches
Sacrament. Die Aufhebung dieses Sacraments lag im Princip
der Reformation. Hatte diese aber schon in geistiger Beziehung
nicht den Muth gehabt, ihr Princip consequent zu verfolgen, wie
viel weniger in der sittlichen Ordnung, welche mehr als die gei=
stige mit dem Leben zusammenhängt. — Der Protestantismus
war eine Halbheit. Er protestirte zwar gegen die Autorität der
Kirche, und in Folge dessen auch indirect gegen das Sacrament
der Ehe, wollte aber doch selbst Beides wieder haben. David
Strauß, nachdem er den Gegensatz von Geist und Leib in der
katholischen Kirche beleuchtet hat und nun von der Versöhnung
desselben im Protestantismus spricht, sagt ganz richtig von dieser
Versöhnung: „Doch war hiermit noch lange nicht alle Entfrem=
dung des Geistes aufgehoben. Die Erde blieb nach wie vor ein
Jammerthal, aus welchem sich in ein besseres Jenseits hinweg zu
sehnen, dem wahren Christen nicht nur erlaubt, sondern selbst
wohlanständig war, und in welchem nur der Gehorsam gegen die
göttliche Anordnung ihn festhalten konnte; der Leib galt auch
fortan für einen unreinen Schlupfwinkel der bösen Lust, deren
vollständige Ausrottung erst von dem Tode zu erwarten ist.
Kein Wunder daher, daß, unerachtet der Protestantismus die
Ehe äußerlich wieder in die ihr gebührende Stellung einsetzte,
dennoch der wahre Begriff derselben noch immer fehlte, indem sie
auch jetzt meistens nur als Gegenmittel gegen die Brunst und
Unkeuschheit gefaßt, und demjenigen, der dieses Gegenmittels nicht
bedurfte, also dem auch innerlich reinen Ehelosen, immer noch ein

Vorrang vor dem Verehelichten zugestanden wurde" (Chriſtliche
Glaubenslehre, S. 48—49).

Die bürgerliche Ehe iſt mehrfach verkannt worden. Die
Kirche mag ſie als Concubinat betrachten, es iſt ihr nicht zu verübeln; ſie kann von ihrem Standpunkte aus (auf welchem das
Natürliche dem Geiſtigen noch gegenüber ſteht) das Sittliche,
welches eben ſo geiſtig, wie natürlich, eben ſo moraliſch, wie recht-
lich iſt, nicht anerkennen. — Das geiſtesfreie Deutſchland aber
hätte die welthiſtoriſche Bedeutung der bürgerlichen Ehe erkennen
ſollen. Das geiſtesfreie Deutſchland iſt nicht mehr in dieſem
Gegenſatze von Natur und Geiſt befangen, daß es das Mora-
liſche, Gewiſſenhafte, Innerliche, Religiöſe, dem Rechtlichen
entgegenſtellt. Der rechtliche Act des geiſtesfreien Menſchen iſt
eben ſo ſehr ein moraliſcher. — Hegel befinirt die Ehe als die
ſittlich-rechtliche Liebe. Das iſt die bürgerliche Ehe! Das rechtliche Moment iſt in der bürgerlichen Ehe allerdings noch überwiegend. — In der Hegel'ſchen Definition der Ehe iſt ebenfalls
dieſes Uebergewicht des Rechtlichen. Da ja ſchon in dem Begriff „Sittlichkeit" das rechtliche Moment enthalten iſt, ſo hätte
dieſes letztere, wenn kein Uebergewicht deſſelben angedeutet werden
ſollte, nicht nochmals brauchen beſonders hervorgehoben zu werden.
— Aber die menſchliche Geſellſchaft iſt bis jetzt allerdings noch
auf der „rechtlich-ſittlichen Liebe" baſirt; ſie kann das Uebergewicht des rechtlichen Momentes in der Liebe noch nicht entbehren,
— weil im heutigen Geſetze überhaupt, ſofern es noch nicht vom
hiſtoriſchen Rechte emancipirt iſt, das Rechtliche dem Moraliſchen
gegenüber noch ein zu großes Uebergewicht hat, — und die fran-
zöſiſche Revolution, die ja, wie wir wiſſen, keine politiſch-ſociale,
keine Geſetzesrevolution war, konnte darum dieſes Uebergewicht
des Rechtlichen ebenfalls nicht negiren. — Hätten die „Maro-
deurs" der franzöſiſchen Revolution ſo viel Logik, wie ihre große
Vorgängerin gehabt, ſo würden ſie nicht mitten in einer auf der

„rechtlich=sittlichen Liebe" basirten Gesellschaft schon von der rein=sittlichen oder freien Liebe geträumt haben. — Was auch die lebensvollere Entfaltung der Emancipation der Sitten durch die Emancipation der Gesetze noch gewinnen kann und wird, so kann doch dieser sittliche Fortschritt, weil er eben (wie auch der geistige) von einem andern zukünftigen bedingt ist, auf gegen= wärtige Realisirung keine Ansprüche machen. — Es ist freilich schwer und gehört ein feiner Takt dazu, in den Uebergängen immer das Reale, Gegenwärtige herauszufühlen, das zwischen dem abgestorbenen Vergangenen und dem noch nicht gebornen Zukünftigen in der Mitte liegt. Eben darum ist es aber räthli= cher, selbst das Gegenwärtige, sofern es noch ein Heiligthum der Geister, ein Mysterium der Eingeweihten ist, als ein Zukünftiges darzustellen, das noch gar keine Ansprüche auf Realisation macht, als umgekehrt ein Zukünftiges, über dessen specielle Ausführung im Leben die Eingeweihten selbst noch nichts wissen können, für ein Gegenwärtiges oder Realisirbares auszugeben. — Ueberdies ist namentlich die Sitte eine so zarte Blüthe, daß man sie kaum berühren, viel weniger mit grober Hand antasten darf! — Die Gesellschaft hat darum auch immer vor denen mehr Abscheu, die ihre gegenwärtigen Sitten, als vor denen, die ihre gegenwärtigen Religionen oder Gesetze angreifen. Die Wirklichkeit muß über= haupt schon viel von einer Idee aufgenommen haben, wenn diese nicht in der Anwendung mißverstanden werden soll. Durch das Herabziehen in die noch mehr oder minder schlechte Wirklichkeit wird die erhabenste Idee entwürdigt, beschmutzt!

Die bürgerliche Ehe, welche die französische Revolution ein= geführt hat, ist ein enormer Fortschritt. Sie ist das Wesentliche einer Emancipation der Sitten, und die Zukunft wird nie, auch dann nicht, wenn eine politisch=sociale Reform eingetreten sein wird, über sie hinauszugehen brauchen. Denn was ist die Ci= vil= oder Staats=Ehe am Ende anders als eine Censur der

Sitten, die sich der Staat stets wird vorbehalten müssen. Das Geistige, Physische und Ethische wird zu seiner Regulirung in der Gesellschaft stets einer höchsten Staatsmacht bedürfen. Positive Institutionen müssen wir immer haben; nur müssen dieselben unserm Geiste adäquat, nicht von einem fremden uns aufgedrungen, mit einem Worte: unsere selbstbewußte That sein. — Die bürgerliche Ehe aber neben der kirchlichen so einzusetzen, daß letztere keine unumgängliche Bedingung zum Heirathen sei, das ist in unserer heutigen Gesellschaft nicht allein möglich, sondern eine unabweisliche Nothwendigkeit im Interesse des geistesfreien Staates. Die Kirche selbst, wie sie heutzutage aufgefaßt sein will, nämlich als ein geistiges Institut, ist durch die bürgerliche Ehe gar nicht beeinträchtigt. Wie sie jeden Geist, der nicht durch sie, die alleinseligmachende, selig wird, als unselig betrachtet, so mag sie auch jede Liebe, die nicht von ihr die Sanction erhalten hat, als unsittliche betrachten. Dieses beliebige Dafürhalten der Kirche kann ihr Niemand verargen, so fern es in den Schranken des innerlichen Meinens bleibt. Wie es schon längst dahin gekommen, daß die Kirche Solche, die im Geiste sich von ihr losgesagt haben, zwar als Abtrünnige betrachtet, jedoch nicht aus ihrem Gebiete heraus in ein anderes, in das Gebiet des socialen Lebens übergreifen darf, eben so kann sie sich ja auch gegen solche verhalten, die sich in den Sitten von ihr lossagen. Injurien dürfte sie sich freilich nicht erlauben, und wie ein Görres, der Kinder aus gemischter Ehe „Bastarde" nennt, in jedem Staate, wo diese Ehe erlaubt ist, vor Gericht gezogen werden muß, ebenso wäre auch jeder andere Görres, der unter ähnlichen Umständen die bürgerliche Ehe beschimpfte, der Justiz verfallen. Da jedoch die Kirche gegen ihre Beleidiger dasselbe Recht in Anspruch nehmen darf, so wird sich kein vernünftiger Katholik hierüber als über ein Unrecht beklagen.

Die Emancipation der Sitten ist eine nothwendige Folge

der Emancipation des Geistes und kann nicht umgangen werden, ohne das Princip der Geistesfreiheit in seiner Entwicklung aufzuhalten. — Was hat die Zerwürfnisse des preußischen Staates und der katholischen Kirche hervorgerufen und ihnen zur Schande unseres Jahrhunderts eine solche Bedeutung gegeben? Was verlieh in dem Streite über gemischte Ehen der altersschwachen katholischen Kirche dem jungkräftigen preußischen Staate gegenüber eine so große Intensität? — Der Umstand, daß der Staat, der sich im Uebrigen mit Recht rühmt, die Resultate der französischen Revolution auf friedlichem Wege sich angeeignet zu haben, im Punkte der Ehe noch zu viel protestantische Halbheit zeigte. — Hätte Preußen jenes große Resultat der französischen Revolution, die bürgerliche Ehe, adoptirt, oder ihr mindestens da, wo sie vorgefunden wurde, in unsern Rheinlanden, nicht ihre ganze welthistorische Bedeutung genommen, so hätte dieser Staat nicht nöthig gehabt, mit der katholischen Kirche zu unterhandeln. — Preußen hat den Beruf, Schutzherr und Förderer der deutschen Geistesfreiheit zu sein. Die französische Revolution war aber eine Consequenz jenes Princips, und wenn Deutschland diese Consequenz scheut, wird es bald auch ihrer Prämisse, d. h. sich selber, der Geistesfreiheit untreu werden. —. Stillstand ist schon Rückschritt. Man kann sich ohne retrograde Tendenz nicht einen Augenblick im Fortschritte aufhalten, und wird, so man nicht vorwärts drängt, ohne es eigentlich zu wollen, bei jeder Gelegenheit, bei dem geringsten Anstoß weit zurückgeworfen! — Die Emancipation der Sitten ist mit jener des Geistes innig verwebt; das hat sich in den jüngsten religiösen Zerwürfnissen so sehr gezeigt, daß nicht im vorigen Capitel, sondern erst hier, wo es sich um die Emancipation der Sitten handelt, die Besprechung dieser Zerwürfnisse am rechten Orte sein dürfte.

Aller Polemik ungeachtet, welche die jüngsten religiösen Zerwürfnisse hervorgerufen haben, ist man der Sache noch nicht auf den Grund gekommen, weil merkwürdigerweise ihr punctum saliens ganz übersehen wurde. Wir halten Preußen, so hoch wir auch sonst diesen Staat stellen, nicht ganz frei von aller Schuld, und wir werden unsere Meinung über das bisherige preußische System um so unumwundener aussprechen, als wir überzeugt sind, daß dieses frühere System der preußischen Regierung jetzt ein anderes werden wird. — Protestantischer Seits wurde zwar bisher, wenige Ausnahmen abgerechnet, das System des preußischen Staates in Bezug auf die katholische Kirche als sehr liberal gepriesen. Und in der That, wenn man den jetzigen Zustand der katholischen Kirche in den Rheinprovinzen mit jenem zur Zeit der französischen Occupation vergleicht, so könnten die Concessionen, welche Preußen der römischen Hierarchie gemacht hat, als eben so viele Opfer erscheinen, die der neue Staat der mittelalterlichen Kirche, das praktische Christenthum dem Dogmatismus gebracht, und dadurch das eigne Interesse verletzt hat. Allein es gehört wohl wenig Scharfblick dazu, um einzusehen, daß der Grund jener Restauration des Katholicismus nicht in der zu weit getriebenen Toleranz einer Regierung, die sich doch sonst als eifrige Anhängerin des Protestantismus zeigte, sondern einerseits in der Reaction gegen die französische Revolution, anderseits in jener Halbheit, justemilieu-System genannt, gesucht werden müsse, das weder vor- noch rückwärts will, und eben deshalb, wie schon gesagt, immer zurückgeworfen wird, ohne es zu wollen.

Wenn aber Preußen unter der Regierung unseres verstorbenen Königs Mißgriffe machte, so war nicht Dieser schuld daran. — Es ist gewiß, daß selbst die durchgebildetsten Protestanten größtentheils eine schon oft gerügte Täuschung in Religionssachen hegen und pflegen, — eine Täuschung, von welcher die hochgestellten Staatsmänner Preußens nicht immer befreit gewesen zu sein scheinen, obgleich diese Täuschung, wie sie erfahren haben, gefährliche Zerwürfnisse im Staate hervorgerufen hat. — Indem sie nämlich ihre eigne wahre Erkenntniß Gottes der Confession, welcher sie angehören, zu Gute kommen lassen, bekommen sie von dieser nach und nach eine Meinung, wie sie nur von der über allen historischen Confessionen stehenden absoluten Religion gehegt werden kann. — Es wäre nur zu wünschen, daß diese hohe Meinung der Protestanten von ihrer Confession sich auch im Leben stets rechtfertigte. Wenn aber auch zugegeben werden muß, daß vorzüglich in protestantischen Ländern, und ganz besonders in Preußen, die wahre Religion, welche sich nicht mehr in einer Kirche, in Dogmen und Bekenntnissen, sondern im Staate, im Leben und Wirken manifestirt, ihre meisten Anhänger zählt, so hat doch neben diesen wahrhaft religiösen Männern in jenem auf die geistige Cultur Deutschlands am meisten influirenden Staate eine gewisse religiöse Partei politischen Einfluß gehabt, welcher alles Unheil, das uns betroffen hat, zuzuschreiben ist. Einer der ärgsten religiösen Auswüchse unserer Zeit hat sich einer Regierung zu nähern gewagt, der vor allen andern die hohe Bestimmung zu Theil geworden, Deutschlands, ja Europas heiligsten Interessen vorzustehen. Wie hehr würde die preußische Regierung dastehen, wenn sie neben der ihr verliehenen irdischen Macht keinen Augenblick von der Bahn des Lichtes gewichen und dem Genius untreu geworden wäre, welchem allein sie ihre Macht zu verdanken hat! Aber wir sehen es im Geiste, sie wird gewiß bald wieder einlenken, und ihr eigenes und Europas Heil nicht länger auf's Spiel setzen, — Europa wird nicht vergebens im dreißigjährigen Kriege und im jüngsten sein Herzblut vergossen haben!

Zur Zeit, als Luther auftrat, wurde der sterbenden Hierarchie noch die Kraft verliehen, ein Institut ins Leben zu rufen, welches dem Protestantismus so lange das Gleichgewicht halten und sich mit ihm reiben sollte, bis aus den Gegensätzen eine hö-

here Einheit hervorgegangen sein würde. Schon glaubte man
diese höhere Einheit errungen, schon die jesuitisch=hierarchischen
Umtriebe auf der einen, auf der andern Seite den protestantischen
Sectengeist überwunden zu haben, als die Dinge wieder einen
Umschwung erlitten. — Was sich zuerst als Einheit manifestirt
hatte, war noch nicht die Einheit der Gegensätze, sondern Indifferenz.
Die Indifferenz des vorigen Jahrhunderts, welche nur Negation,
abstracter Theismus, oder Atheismus war, rief innerhalb der pro=
testantischen Confession neben der neuesten Philosophie einen so=
genannten „Pietismus“ (nicht mit dem Spener'schen zu verwech=
seln) hervor, und dieser wurde, eben so wie jene Philosophie, als
antirevolutionär protegirt, verfiel aber bald in diejenigen Fehler,
welche einst von den Protestanten mit so vieler Bitterkeit am Je=
suitismus getadelt wurden. Ob die Bezeichnung „Pietismus“
treffend ist oder nicht, gleichviel, es gibt im Protestantismus
eine Partei, welche ausschließlich im Besitze aller Frömmigkeit
zu sein vorgibt, und es sich sehr angelegen sein läßt, Proselyten
zu gewinnen, in welcher jedoch Geist und Natur noch weniger,
als im Katholicismus, versöhnt sind. Das sind die protestan=
tischen Jesuiten. — Im Katholicismus ging inzwischen etwas
Aehnliches vor, — und man stand auch hier nach einem Zeit=
raume von drei Jahrhunderten, wie es schien, wieder auf dersel=
ben Stelle, von der man ausgegangen war. Auch die katholi=
schen Jesuiten standen wieder aus ihren Gräbern auf. — Das
Aergste für uns war, daß die Protestanten von dem großen Rück=
schritte in ihrer eignen Confession nichts wissen wollten, und nur
von den katholisch=jesuitischen Umtrieben sprachen, die doch in den
Rheinlanden nicht aufgekommen, jedenfalls ganz unschädlich ge=
wesen wären, wenn nicht der Staat selbst im ersten Reactions=
und Restaurationseifer zum Theil die Hand dazu geboten, noch
mehr aber durch den eignen religiösen Rückschritt jenen des Geg=
ners hervorgerufen hätte. Die Protestanten, die wohl auch die

Jesuiten ihrer Confession kannten und ihre Tendenz mißbilligten, hatten doch deren politischen Einfluß nicht so schmerzlich, als die Nichtprotestanten empfunden. Erwägt man ferner, daß die „nordischen Jesuiten" das Gehässige ihres Bekehrungseifers mit einem Scheine ächter Frömmigkeit zu umhüllen stets eifrig bemüht waren, so ist das Wunder erklärlich, wie auch bessere Protestanten ganz im Ernste meinen konnten, „die protestantische Kirche verschmähe die Künste der Proselytenmacherei, weil sie nach ihrer durchaus (?) sittlich geistigen Tendenz nur eine Gewalt kenne, von der sie Einfluß auf die etwa Uebertretenden erwarte: die Gewalt evangelischer Wahrheit." Die Proselytenmacher haben auch die „Gewalt evangelischer Wahrheit" auf ihrem Schilde stehen, — aber in den Büreaus ihrer Bekehrungsanstalten stehen ganz andere Statuten angeschlagen! —

So lange die Protestanten in dem Irrthume befangen sind, daß nur in ihrer Confession, nicht auch in jeder andern die Wahrheit errungen werden könne; so lange es selbst die Hochstehenden unter ihnen als einen Gewinn für den geistesfreien Staat, mithin als ein verdienstliches Werk ansehen, alle Confessionen der ihrigen einzuverleiben, — ist die Emancipation des Geistes im Protestantismus noch nicht vollendet. Auch verfehlen die Mittel zu einer solchen Einverleibung natürlich immer ihren Zweck; diese äußerliche Einigung der Confessionen schlägt immer in ihr Gegentheil, in schroffe Trennung um, indem eine Reaction die andere hervorruft. — Wäre die Stellung Preußens gegen seine nichtprotestantischen Unterthanen stets eine seiner würdige gewesen, so würden sich im Conflicte dieses Staates mit der Kirche nicht nur aus der protestantischen Confession, sondern alle Gebildeten zu seinen Stimmführern vereinigt haben. Das Zerwürfniß selbst würde nicht entstanden, und wenn entstanden, von keiner Bedeutung gewesen sein. Denn nicht in der Hierarchie und dem zufälligen Umstande, daß ein hartnäckiger Prälat ein Erzbis-

thum erhielt, ist der wahre Grund des wieder erwachten Reli=
gionshasses zu suchen. — Die Hierarchie ist längst todt (wenn
auch noch nicht begraben), und alle durch jene Zufälligkeit
entstandenen Zwiste waren nur, gleich ihrer Veranlassung, Aeußer=
lichkeiten, an welchen sich eine längst genährte Erbitterung fest=
saugte. — Niemals würde es einem fanatischen Priester, nie=
mals der Hierarchie und ihren Helfershelfern gelungen sein, so
viele Feindseligkeiten in unsern Rheinprovinzen zu erregen, hätte
die Regierung alle ihre Unterthanen stets mit gleicher Liebe um=
faßt. Kein blinder Volksfreund, aber auch kein blinder Regie=
rungsfreund ist im Stande, dem jedem Fanatismus abholden
Rheinländer seine Erfahrungen wegzudemonstriren. —

Die energischen Schritte der preußischen Regierung gegen die
allerdings eben so staats= als zeitwidrigen hierarchischen Tenden=
zen waren ganz andere, als wofür sie selbst von den gebildetsten
Protestanten angesehen wurden; sie schienen die Interessen des
geistesfreien Staates gegen seine Feinde in Schutz zu nehmen, —
aber sie waren in der That im Interesse einer Confession gegen
eine andere unternommen. Indessen war es ein Glück, daß sich
der heimliche Haß zweier Confessionen, die aus ihren eignen
Principien heraus zu keinem ächten Frieden gelangen konnten,
wieder zu einem offnen Kampfe gestaltete, — ein Glück, daß man
einen Augenblick bei noch immer obwaltenden inneren Zwistig=
keiten ein äußerliches juste-milieu-System verließ, wobei die
einander gegenüber stehenden Parteien ihrem Wesen, ihren Prin=
cipien nach die alten geblieben wären, und ein ephemerer Friede den
wirklichen, durch offene Erklärungen allein zu erringenden, immer
mehr erschwert hätte. — Dieses Glück haben wir sowohl dem
rücksichtslosen Auftreten des Erzbischofs von Köln, als den ener=
gischen Schritten der preußischen Regierung zu verdanken. Bei
einem geschmeidigern Erzbischofe, bei einer minder kräftigen Regie=
rung wäre der Zwiespalt noch länger verheimlicht, aber nicht min=

ber genährt worden. Dagegen war von der Zeit des Ausbruchs an nur noch einer von diesen beiden Fällen möglich: entweder die preußische Regierung beharrte bei ihrem seitherigen Systeme, blieb „protestantisch," — dann würde auf den Federkrieg zuletzt wieder ein blutiger gefolgt sein, in welchem, was zwei Friedensschlüsse (der westphälische und wiener) nicht zu Stande gebracht, zum dritten Male durchgekämpft worden wäre; oder, wie wir jetzt mit Gewißheit voraussehen können, es wird der preußischen Regierung ihr hoher Beruf durch die entstandenen Reibungen ohne Blut zum Bewußtsein kommen, — dann wird sie in den Gebildeten aller Confessionen, ja im ganzen, dem religiösen wie politischen Fanatismus längst abgeneigten, deutschen Volke eine Phalanx und eine Leibgarde gewinnen, mit deren Hilfe sie aller Aufwiegelungen spotten kann! —

Die Vermittlung der Confessionen kann nicht erzwungen, noch weniger erlistet werden. Die, welche nur Alles unter Einen Hut bringen wollen, legen großes Gewicht auf Dinge, durch die sie ihrem Ziele näher zu kommen wähnen. Daher die ewigen Zänkereien über gemischte Ehen. — An eine Lösung dieser so viel besprochenen Frage ist nicht zu denken, so lange deren Beantwortung Jenen überlassen bleibt, welche nur die numerische Mehrung einer Confession auf Kosten der andern erstreben. Da wird unterhandelt, geschachert, um sich gegenseitig zu übervortheilen, um den Betrug mit einem Scheine der Loyalität ausüben, den Raub mit dem Buchstaben des Gesetzes decken zu können. Ist aber auch auf der einen Seite eine List gelungen, so wird auf der andern Seite eine neue dagegen angewendet, und am Ende kommt es immer wieder zu offenem Bruch und Kampf! — Nicht anders verhält es sich mit den Streitigkeiten über das Verhältniß Roms zu Deutschland, wo man schon so weit gekommen war, eine „deutsch-katholische" Kirche, die sich von der römischen trennen sollte, in Vorschlag zu bringen, — als ob wir der Secten, womit uns die drei letzten Jahrhunderte so reichlich gesegnet haben, noch immer nicht genug hätten! — Dieser Vorschlag konnte übrigens nur von Leuten ausgehen und gut geheißen werden, welche durch einseitige Tendenzen verblendet, Abstractionen realisiren wollen, die nicht durch die Geschichte motivirt sind. Der Katholicismus war nie, und ist am wenigsten in unserer Zeit zu einer Sectenbildung geeignet. Denn nicht mit sich selber, sondern mit seinem alten Gegner, dem Protestantismus, hat sich der Katholicismus wieder öffentlich verfeindet. Würde sich das katholische Deutschland von Rom lossagen, so hätte, von den inneren Gegengründen abgesehen, die protestantische Confession ihren Sieg schon halb errungen. Aber was in aller Welt sollte denn die Katholiken bewegen, ihren Gegnern so leichtes Spiel zu machen? — Wenn, was gar nicht zu erwarten steht, jener Vorschlag bei praktischen Staatsmännern je wieder Anklang finden und es zu einem Versuche kommen sollte, so würde dieser auf eine eclatante Weise fehlschlagen! — Es liegt auch gar nicht im Plane der Vorsehung, in Deutschland, das berufen ist, der Wahrheit den Sieg zu verschaffen, ein Uebergewicht der protestantischen Confession aufkommen zu lassen. Nicht durch List und Gewalt, am wenigsten aber durch Ueberzeugung wird der Protestantismus in Deutschland einen solchen Sieg davon tragen. Jedem Einsichtsvollen muß die vermeintliche Gefahr, womit Deutschland von Rom aus bedroht sein soll, lächerlich erscheinen. Ohnmächtig und gefesselt liegt jede staatswidrige Tendenz, wo die Intelligenz im Bunde mit der materiellen Macht steht.

Wir bleiben dabei, wo die höchste Staatsmacht geistig wie materiell über allen Confessionen steht, geräth sie mit keiner in Zerwürfniß. Der Staat hat die Religion allerdings nicht allein zu schützen, sondern auch zu fördern; aber diese wird nicht, wie eine Confession durch Glaubensbekenntnisse, sondern durch Bildungsanstalten, nicht durch kirchliche, sondern durch Staatsinstitute

gefördert. Ob der Staatsbürger dieser oder jener Confession angehört, muß dem wahrhaft religiösen Staate ganz gleichgiltig sein! — Man macht es der katholischen Kirche zum Vorwurfe, daß sie keine gemischte Ehe einsegnen wolle, ohne zuvor
den Eheleuten das Versprechen abgenommen zu haben, daß ihre
Kinder alle katholisch würden. Aber die katholische Kirche hat
von ihrem Standpunkte aus Recht! Der Staat aber, wenn er zu
Gunsten irgend einer Confession einschreitet, hat von seinem Standpunkte aus Unrecht! Wohl soll Preußen die Geistesfreiheit in
Schutz nehmen, und keiner Kirche, am wenigsten der katholischen
irgend eine Macht über die Gemüther einräumen. Will der preußische Staat sich aber selbst den schweren Verdacht der geistigen
Unfreiheit nicht zuziehen, so darf er in Betreff der Kinder aus
gemischten Ehen nicht eine Confession gegen eine andere, sondern
muß in dieser, wie in jeder andern Beziehung, die Geistesfreiheit
gegen die Geistesknechtschaft in Schutz nehmen, indem er es den
Eltern verschiedener Confessionen möglich macht, sich über jede
Confession durch die bürgerliche Ehe hinauszusetzen. Wir haben
bereits den Differenzpunkt zwischen unserer Vergangenheit und
Zukunft, zwischen dogmatischem und praktischem Christenthume,
profanem und heiligem Staate u. s. w. deutlich genug hervorgehoben. Der Staat ist wahrlich nicht irreligiös, wenn es ihm
nur um heilige Bürgerthätigkeit zu thun ist. Auch soll der Staat
das religiöse Element in den Confessionen stets fördern und nur
das confessionelle ignoriren. Das Gegentheil wird immer
Störungen, sowohl im Verhältniß der Bürger unter einander, als
in jenem der letzteren gegenüber der höchsten Staatsmacht hervorrufen. — Eigentlich hat der Staat, der den Bürgern bei ihrer
Geburt in eine Confession zu treten vorschreibt, noch nicht Allem
vorgesehen; er müßte auch, um seinem Principe treu zu bleiben,
die Confession seiner Unterthanen während ihres ganzen Lebens-
laufes controliren. — Wie Viele, die in einer bestimmten Con-

feſſion geboren und erzogen wurden, haben dieſe ſpäter verlaſſen, ohne in eine andere getreten zu ſein. — Anderſeits wiederum wurden auch noch in neueſter Zeit Solche von ihrer Kirche excommunicirt, die ihre Confeſſion in der That gar nicht verlaſſen, viel weniger in eine andere übertreten wollten. Das müßte doch regulirt werden! Aber von wem? — — Man ſieht, wohin eine conſequente Durchführung des in Rede ſtehenden falſchen Princips führen würde: zur Wiedereinſetzung der Kirchenmacht, zur Theilung der höchſten Gewalt, zum Untergange des Staates. — —

Die Wichtigkeit der franzöſiſchen Revolution für die Geiſtesfreiheit, der innige Zuſammenhang der Emancipation der Sitten mit jener des Geiſtes, iſt noch von einer andern Seite zu beleuchten. Seit der franzöſiſchen Revolution erſt wird die „Emancipation der Juden" allgemein und nachdrücklich verlangt. Nun iſt es kaum nöthig, dieſe Anforderung des 19. Jahrhunderts zu erläutern. Die „Emancipation der Juden" iſt ein integrirendes Moment der Emancipation des Geiſtes. — Obgleich nun die Emancipation des Geiſtes ſchon mit der deutſchen Reformation begonnen, ſo konnte doch vor der franzöſiſchen Revolution von einer vollſtändigen Emancipation der Juden in der That gar nicht die Rede ſein. Denn den Juden fehlt ein Weſentliches, wir möchten ſagen, das Weſentlichſte, zu ihrer Gleichſtellung, wenn ihnen nicht neben dem Staatsbürgerrechte auch durch die bürgerliche Ehe das Mittel gegeben wird, aus ihrer ſeparaten geſellſchaftlichen Stellung herauszukommen. — Was würde ihnen die Emancipation helfen, wenn ſie im Leben nach wie vor jener langſamen Tortur des Haſſes und der Verachtung ausgeſetzt blieben, welche eine nothwendige Folge jener ſchroffen Stellung iſt und ſo lange als dieſe dauern wird? — Aber anſtatt es den Juden möglich zu machen, aus dieſer Stellung herauszukommen, machte man ihnen in der Verblendung des Geistes diese Stellung, an welcher diese christliche Gesetzgebung schuld war, noch gar zum Vorwurfe! — Noch heute hört man Manche von der jüdischen „Nationalität" als von einem Dinge sprechen, welches ihrer Emancipation im Wege stehe. — Aber sagt mir doch, was kann denn der Gebildete Jude thun, um aus seiner „Nationalität" herauszukommen? — Ihr sagt, er soll sich taufen lassen, — das gibt Euch die Geistesfreiheit nicht ein! — Es wäre mehr als überflüssig, nachdem in dieser Schrift die Emancipation des Geistes entwickelt worden, auch nochmals auf das sogenannte „Taufsystem" zurückzukommen. Aber wir wollen hier von einem Factum sprechen. Wozu hat es das Taufsystem gebracht? — Tausende von gebildeten Juden, deren Deutschland, Dank seiner in allen Confessionen verbreiteten Intelligenz, vielleicht mehr als das übrige Europa zusammengenommen zählt, würden keinen Augenblick anstehen, außerhalb ihrer Confession zu heirathen und ihre Kinder nicht in ihrer Confession zu erziehen, die unter den obwaltenden Umständen nicht außerhalb ihrer Confession heirathen und ihre Kinder Juden werden lassen. — Dieses Factum ist leicht erklärlich. Dem Juden ist es noch in ganz Dentschland von Staats (!) wegen untersagt, außerhalb seiner Confession zu heirathen, es sei denn, daß er sich entweder selbst erst taufen lasse, oder (wenigstens!) zuvor die Verpflichtung eingehe, alle Kinder aus der gemischten Ehe in einer christlichen Confession zu erziehen. — Also das, und noch mehr als das, was die katholische Confession verlangt, und worüber das protestantische Deutschland so sehr entrüstet ist, wird hier von Seiten des geistesfreien Staates verlangt. — Wer mag es dem gebildeten Juden verübeln, wenn er all das Gerede von Geistesfreiheit für ein Possenspiel ansieht, und lieber in der Religion bleibt, welcher er nun einmal durch seine Geburt angehört, als zu einer andern übergeht? Hat sich denn das confessionelle Christenthum, sofern es nicht eben diesen Standpunkt verlassen hat, wie in Frankreich und Nordamerika, je als die praktische Religion der Liebe erwiesen? — Daß in deutschen Staaten Protestanten und Katholiken gleichgestellt sind, darf nicht zu hoch angerechnet werden. Einer christlichen Confession gegenüber wird freilich kein deutscher Staat mehr Intoleranz zur Schau tragen, — man mag nicht wieder einen dreißigjährigen Krieg heraufbeschwören, — das will man nicht! — Beweist das aber etwas für die ächte, innere Toleranz? — Wollt Ihr den Barometerstand der Geistesfreiheit kennen lernen, so müßt ihr das Verhältniß des Staates zu seinen jüdischen Unterthanen untersuchen. Den Juden gegenüber ist nichts zu riskiren. Im Gegentheil, man macht sich durch Intoleranz gegen Juden populär bei Christen, zu Deutsch: beliebt beim christlichen Pöbel. Denn die Kurzsichtigen wähnen, es könne ein Staat wohl seine verschiedenen christlichen Confessionen mit gleicher Liebe umfassen, wenn er auch die Juden von dieser Liebe ausschlösse; ja hiedurch zeige er sich eben als ächt christlicher Staat. So urtheilt der Pöbel, — wir urtheilen anders: Ein Staat, der die jüdische Confession ausschließt, schließt auch eine christliche aus, wenn es gerade nicht die seinige, oder in seinem irdischen Interesse ist, das Gegentheil zur Schau zu tragen, — und ein Staat, der eine christliche Confession ausschließt, ist weder ächt noch unächt christlich, sondern allenfalls katholisch, oder lutherisch, oder kalvinisch, oder evangelisch, oder hochkirchlich, oder Gott weiß was, nur nicht christlich!

Wäre es wahr, daß das Christenthum stets mit der geistigen Unfreiheit im Bunde erscheinen müßte, woher kommt es denn, daß das religiöseste Land der Welt, Deutschland, die Geistesfreiheit als sein theuerstes Gut betrachtet? — Deutschland, hat sich aus dem Christenthume heraus seine Freiheit errungen. Deutschland hatte, als es gegen die geistige Knechtschaft zu kämpfen begann, seinen Standpunkt sogar noch innerhalb der christkatholischen Kirche. — Erst nachdem sich der Papst als unversöhnlicher Feind

der Geistesfreiheit zeigte, sagte es sich von diesem los, — und erst
jetzt, nachdem es uns klar geworden, daß jeder Dogmatismus,
jede Confession, jede Kirche, mit der Geistesfreiheit unverträglich
ist, sagen wir uns von allem dogmatischen Christenthume los,
und gehen zum praktischen über! — Aber wahrlich, unser prakti=
sches Leben, wenn es auch ganz nach unserer Eingebung und frei
von jeder fremden Autorität ist, wird darum doch eben so wenig
aus irreligiösem oder profanem Grunde entspringen, als unser
Abfall von der katholischen Kirche aus irreligiösem Geiste ent=
sprungen ist! — Die Religion ist der deutschen Nation in succum
et sanguinem übergegangen, und ihre eigenste, freie Schöpfung,
der deutsche Staat, kann nicht anders, als religiös sein. —
Wollte man aber deshalb behaupten, nur in Deutschland, nur auf
dem Boden der ächten Geistesfreiheit könne auch die ächte Sitten=
freiheit Blüthen treiben, so würde man ungerecht sein. Eben so
gut ließe sich umgekehrt sagen, nur in Frankreich, wo die Freiheit
auch die Sitten durchdrungen hat, kann die ächte Geistesfreiheit
Wurzel fassen. — — Deutschland muß von Frankreich und die=
ses wiederum von Deutschland ergänzt werden. Deutschland, Schö=
pfer der Reformation, repräsentirt den östlichen Typus der contem=
plativen Ruhe und Innerlichkeit, — Frankreich, das Land der Revo=
lution, den westlichen Typus der Bewegung und Aeußerlichkeit. —
Die Einheit beider ist England, weshalb auch hier unsere Zukunft zu
suchen ist. Wir wollen aber jetzt von der unmittelbaren Gegenwart
sprechen, daher England und Rußland, so wie Amerika und Asien,
diese potenzirten Factoren der Zukunft, noch bei Seite liegen lassen.

Von allen Seiten strebt unsere Zeit nach Versöhnung des
alten Weltzerwürfnisses von Spiritualismus und Materialismus.
Zwei Nationen aber stehen im Vordergrunde, sind zu Vorkämpfern
dieser Tendenz berufen. — Uns Deutschen ist es gegeben, die
Versöhnung vom geistigen, speculativen Standpunkte aus zu errin=

gen, und so wenig auf der andern, westlichen Seite das einmal real Errungene durch die Minorität einer materiellen Aristokratie wieder abgelistet werden kann, eben so wenig kann unsere ideale Errungenschaft durch die Masse des geistigen Pöbels erschüttert werden. — Deutschland ist der eine Arm der Vorsehung, welcher das innerste Wesen, den Geist erfaßt und fördert, Frankreich der andere, der in die äußeren Gestaltungen des Lebens eingreift, um diese zeitgemäß zu reformiren. — Es gibt nirgends eine größere Verschiedenheit der Charaktere, als die jener beiden Nationen, die sowohl in Ansehung ihrer geographischen Lage, wie durch ihre Geschichte, Mittelpunkt und Seele der cultivirten Welt sind. Hier, wie überall, wo ein höheres Leben erstehen soll, berühren sich die Extreme. — Im Idealen schwärmt der beschauliche Deutsche, im Realen wirkt der thatenlustige Franzose. In Deutschland ist das alt=germanische, in Frankreich das alt=römische Element noch immer vorherrschend. Deutschland jagt das ganze Mittelalter hindurch einer Idee nach und vergeudet Blut und Kräfte für den Namen eines „heiligen römischen Reiches;" Frankreich arbeitet sich unterdessen zu einem sehr irdischen, aber wirklichen Reiche empor. Während sich Deutschland in einem dreißigjährigen Kriege für die Erweiterung des geistigen Horizonts der Menschheit hin=opfert, ist Frankreich darauf bedacht, seine Grenzen zu erweitern. Von Frankreich wird endlich die Freiheit ins Leben eingeführt, und während es für ein reales Gut blutend kämpft und siegt, sitzen Deutschlands größte Männer, von Kant und Schiller bis Göthe und Hegel, in ihren Studirstuben, und kämpfen einen ähnlichen Kampf und feiern einen ähnlichen Sieg — im Geiste.

Der ewige, nothwendige Lebensproceß, kraft dessen das In=nerliche hinausstrebt, sich offenbart, verwirklicht, dann aber sich wieder in sich selbst zurücknimmt, — ist die Ursache jenes noch im=mer nicht ganz überwundenen Zwiespaltes unserer modernen Gesell=schaft, der wie ein neckischer Kobold bald in dieser, bald in einer

andern Gestalt erscheint und uns aufstachelt, bevor wir uns noch
vom kaum beendeten Kampf erholt haben. — — Das Alterthum
war das Hinausstreben des humanen Lebens aus seiner ursprüng=
lichen Einheit und Innerlichkeit, war eine reiche Mannigfaltigkeit
schöner, natürlicher Individualitäten. — Aber das humane Leben
sollte sich auch wieder in sich selbst zurücknehmen. Dazu wurden
vom Anfange an Geschlechter aufbewahrt, welche, als die Zeiten
erfüllt waren, aus ihrer Verborgenheit hervortraten, um das
Alterthum zu absorbiren. Das Mittelalter war das Zurücknehz=
men des humanen Lebens aus der römischen Aeußerlichkeit in die
germanische Innerlichkeit, ein Proceß, der mit der Völkerwande=
rung begann. Dieses wunderbare Phänomen findet in dem ge=
nannten Lebensprocesse seine Erklärung; durch ihn können wir
einen Tiefblick in den ganzen geographischen wie historischen
Organismus unseres socialen Lebens gewinnen. Wir werden
hier diesen Organismus, auf den wir bereits am Anfange dieser
Schrift hindeuteten, in seiner umfassendsten Gestaltung kennen
lernen. — Der Orient ist die Wiege unseres Geschlechtes; aber
die ursprünglich im Osten vereinigte Menschheit mußte sich tren=
nen, da sie sich mehrte. Diejenigen, in welchen das negative
Princip der Unruhe prävalirte, wanderten gen Westen, und nur
die ruhigen, in sich gekehrten, contemplativen Naturen blieben
zurück. Mit diesen Wanderungen von Osten her beginnt die
Geschichte; nur der Westen hat eine Geschichte, nur die westliche
Welt ist eine bewegte. — So sehen wir der westlichen Menschheit
für immer ihren Typus, Bewegung, im Gegensatze der contempla=
tiven Ruhe der östlichen, aufgedrückt, und den alten mit dem
Leben selbst gesetzten Zwiespalt von Innerlichkeit und Aeußerlich=
keit nicht nur in der Zeit, sondern auch im Raume abgespiegelt. —
Aber dieser räumliche Gegensatz von Ost und West ist so wenig ein
starrer und unbeweglicher, daß er vielmehr, wie der zeitliche, stets
im Flusse ist. Im Alterthum, wo des Westens äußerste Grenze

Europa war, repräsentirte dieser Welttheil den Westen. In neuerer
Zeit hat sich das Verhältniß anders gestaltet. Nach der Zurück-
nahme der ersten Aeußerlichkeit und Natürlichkeit, nach der Vermittlung des ersten Gegensatzes von Ost und West, welche, wie
mit der Völkerwanderung begonnen, so mit den Kreuzzügen geendigt hat, ist Amerika Repräsentant des Westens, Europa aber
Mittelglied geworden. Mit der Entdeckung Amerikas beginnt
die neue Geschichte, die eigentliche Weltgeschichte, die Geschichte
.der durch den Geist wiedergebornen Natürlichkeit. —

Kehren wir nach dieser kurzen Abschweifung, die über unsern
Gegenstand, über den Gegensatz von Spiritualismus und Materialismus, oder Innerlichkeit und Aeußerlichkeit, ein helleres Licht
werfen wird, zu diesem zurück. Im Mittelalter, wo der östliche
Typus, die Innerlichkeit prävalirte, spielt Deutschland, das germanische Element, die Hauptrolle. In unserer Zeit aber soll weder
die eine noch die andere Seite ein Uebergewicht haben, sondern
beide sollen Hand in Hand gehen. — Zuerst hatte freilich der
Westen die Aufgabe, sich aus seiner langen Erniedrigung wieder
zu erheben. Alles trug anfangs dazu bei, den Westen in sein
Recht einzusetzen. Für die Rehabilitation des Alterthums wirk-
ten Fürsten und Gelehrte. Immer mehr Verbündete, immer größere Kräfte sammelte der Westen; alle Völker machte er zu Bundesgenossen, und als er sich stark genug fühlte, stürzte er, einge-
denk der alten Herrlichkeit und der langen Schmach, auf seinen
Gegner. Schon glaubte er, das Mittelalter von Grund aus zerstören, und sich so für das einst von Osten erlittene gleiche Schicksal rächen zu können, — da ermannte sich dieser. — Sein Recht
sollte der Westen in Anspruch nehmen, aber keine Rache ausüben.
Wurde einst das Alterthum, und in ihm der Westen, vernichtet,
so hatte dieser dafür auch lange genug seine Herrschaft auf Kosten der Innerlichkeit und Einheit geltend gemacht. Er sollte
wieder ins Leben treten, aber nicht, wie im Alterthum, auf Kosten

der Gegenseite. Er sollte durch Napoleon seinen Blüthenstaub über den Osten ergießen, um diesen zu befruchten, aber nicht für immer dessen Selbständigkeit rauben. Als er dies dennoch wollte, war's an der Zeit, daß sich der Osten erhob und das fremde Joch abschüttelte! Und siehe da, wie noch vor Kurzem Alles sich gegen den Osten verschworen hatte, so kam ihm jetzt von allen Seiten — von England und Rußland — Hilfe und Unterstützung. Aber vor Allem durch das begeisterte Volk der Deutschen wurde das in den Franzosen wieder auferstandene alte Rom in seine Grenzen zurückgewiesen. Mit dem deutschen Befreiungskriege endet die erste Periode der Neuzeit. Seit dem Ende des dreißigjährigen Krieges bis jetzt, bis zum Schlusse der französischen Revolution, von 1648 bis 1815, vom westphälischen bis zum wiener Frie= den, trat in der Geschichte die Aeußerlichkeit, der Materialismus mehr in den Vordergrund. Von nun an aber wurde die Einheit von Spiritualismus und Materialismus, von Ost und West, von Mittelalter und Alterthum, von Geist und Natur, in unserer Ge= schichte herrschend.

Die schroffe Gegensätzlichkeit von Geist und Natur, von Ewigem und Endlichem, von Gott und Welt, dieser starre Dualis= mus ist in unserer Zeit aufgehoben, und ob auch hier die ideale, dort die reale Seite des Lebens mehr hervortritt, überall ist sowohl die knabenhafte Rohheit des Alterthums, als jene mittelalterliche Ueberschwenglichkeit, welche das Jünglingsalter der Menschheit characterisirt, aufgehoben und hat der männlichen Selbständigkeit das Feld eingeräumt. Der Einige allein ist, wie schon zu Anfang dieses Capitels gesagt worden, wahrhaft frei und selbständig. Der Selbständige weiß, daß er als Individuum dienendes Glied eines höheren Lebens, eines größern Ganzen ist, und eben weil er sich dem höhern Willen bewußt und frei unterwirft, ihn zu dem

10

seinigen macht, — braucht er nur sich selber zu gehorchen. Da=
gegen der als Individuum sich frei dünkende Mensch, der doch
nicht weniger dienendes Glied einer höhern Einheit ist, nur keinen
seine Willkür bestimmenden höhern Willen erkennt, muß eben
deshalb einem andern Herrn, einem äußerlichen Gott gehorchen.
Lange hat sich der Rationalismus gegen die Annahme eines
ewigen, nothwendigen Lebensgesetzes gesträubt, und die schlechte
Freiheit, die Willkür vertheidigt — so lange, bis er wieder sein
Gegentheil hervorrief. — Es war freilich sein Beruf, den bloßen
Glauben an eine Vorsehung zu negiren, um eine klare Einsicht
in die göttliche Weltregierung vorzubereiten. Wenn er aber jetzt,
wo diese Einsicht gewonnen ist, noch immer seine dünne Stimme
erhebt, und über Fatalismus, Untergrabung der Moral und Ver=
nichtung aller Freiheit und Energie menschlicher Thaten schreit, —
so kann man ihn kurz und leicht abfertigen. Der Wille, kraft
dessen der wahrhaft Freie handelt, ist zwar nicht der Pygmäen=
wille eines vereinzelt dastehenden Individuums, das den Gang
der Weltgeschichte weder hemmen noch fördern kann, — aber es
ist der Wille Gottes. Die Energie, die Thatkraft und Thaten=
lust dessen, der Gottes Willen erkennt, weit entfernt, durch diese
Erkenntniß gehemmt zu werden, steigert sich vielmehr zur schöpfe=
rischen Genialität, und so wie man einerseits mit Hegel sagen
kann, daß nichts Großes in der Welt ohne Leidenschaft vollbracht
worden sei, so kann man anderseits auch behaupten, daß es keine
große historische That gegeben hat, wobei nicht mindestens die
Ahnung, der Glaube vorhanden gewesen wäre, es werde durch sie
Gottes Wille vollbracht. — Aber die Menschheit sollte mehr, als
den bloßen Glauben an Gottes Vorsehung bekommen. — Den
Unterschied zwischen der alten fatalistischen und der höhern Welt=
ansicht unserer Zeit haben Franzosen aus der bei uns noch lange
nicht genug gewürdigten St. Simon'schen Schule so ausgedrückt:
„Unter der Herrschaft eines blinden Geschickes, wie es sich die

Alten vorstellten, wurde der Mensch, der sich in den großen Welt=
begebenheiten nur passiv verhielt, willenlos hingerissen; er konnte
nichts wünschen, nichts voraussehen. — Unter der Herrschaft
einer Vorsehung aber, wie wir sie begreifen, ist es der Mensch,
der die Begebenheiten beherrscht und mit Geist und Herz lenkt.
Ahnend schaut er sein Schicksal voraus, und nachdem er sich von
der Wahrheit und Göttlichkeit seiner Ahnung durch seinen Geist
überzeugt hat, greift er selbstthätig in die Weltbegebenheiten ein
und schafft sich seine Zukunft" . . .

Wenn bei Hegel, wie bei den Deutschen überhaupt, die gei=
stige Seite prävalirt, so hat die reale ihren Vertreter in Frankreich
gefunden. Das schon oben dargestellte Verhältniß der Deutschen
und Franzosen tritt in ihren ächten Söhnen Hegel und St.
Simon wieder recht anschaulich hervor. Dieser ahnte die Zu=
kunft, hatte den Trieb zu handeln, und die feurige Beredtsamkeit
eines bewegten Herzens; Jener begriff die Vergangenheit, hatte
den Drang nach Erkenntniß und die Ueberzeugungsgabe eines
ruhigen, logischen Geistes. — Beiden liegt Eine Idee, Ein Keim
zu Grunde; dieser Keim ist unscheinbar, — je höher ein Leben
werden soll, desto unscheinbarer, verschlossener, tiefer ist sein An=
fang, — soll aber die Kraft unserer Zeit nicht vergeudet werden,
so muß sie zu ihrem Anfange, zu ihrem Keime, zu Spinoza zu=
rückkehren. Hegel selbst wies Spinoza diese Stelle an, der An=
fang desjenigen Gottesbewußtseins zu sein, welches er, Hegel,
(in einer bestimmten Richtung) weiter gefördert hatte. Aber
Hegel hat, wie es scheint, die hohe Bedeutung der Stellung, die
Spinoza seiner eignen Ansicht gemäß einnimmt, nicht zu würdigen
verstanden, was aus der Natur seines eignen, einseitigen Stand=
punktes zu erklären. — In sich selbst abgeschlossen und fertig,
hatte Spinoza kein einseitiges Streben. Das Gegenwärtige in
seiner Totalität erfassend, stand er da am Schlusse einer bewegten
Zeit, am Anfange einer neuen. — Die Idee der absoluten Ein=

10*

heit alles Lebens wurde am Anfange unserer Zeit von Spinoza gedacht, und er hat sie so naiv ausgesprochen, ohne weiter auf die hochwichtigen Folgen aufmerksam zu machen, welche aus ihr der Zukunft des socialen Lebens erwachsen, daß man annehmen muß, er habe jene Folgen, zu welchen er den Grund gelegt hat, selbst noch nicht gekannt. In der That hat, unserer Ansicht nach, der Begründer der Neuzeit von ihrer Verwirklichung nichts gewußt, wie denn überhaupt jeder Grund eines Dinges das Ding an sich, aber noch nicht das Ding für sich ist. Der Grund ist das um seinen reichen Inhalt unbekümmerte Allgemeine, das sowohl ein Sollen, ein Ideal, eine Zukunft, als ein Dasein, eine Realität, eine Vergangenheit enthält. So Spinoza, der in seiner Ethik eben so sehr Wahrheit als Wirklichkeit darstellt, — das Allgemeinste, was Alles, aber eben darum noch nichts Bestimmtes enthält. Nach ihm entstanden zwei, dem Anscheine nach sich widersprechende, in der That aber nicht feindliche Tendenzen, die sogar in ihrer Divergenz oft übereinstimmten. — Dieser Gegensatz ist uns sogar schon in der deutschen Philosophie selbst als Natur= und Geistesphilosophie zur Erscheinung gekommen. Wir finden ihn im Völkerleben wieder. — In Deutschland trat jene Richtung ins Leben, die es nur mit der Vergangenheit und — da die unsrige das idealistische Mittelalter ist — mit dem Idealismus zu thun hatte. Die Hegel'sche Philosophie war der Culminations= punkt dieser Richtung. Sie war die Rechtfertigung des Daseins, das Ende einer Vergangenheit, die sie zum Abschluß gebracht hat, — nicht der Anfang einer Zukunft. Weil Hegel es nur mit dem Dasein zu thun hatte, konnte er Spinoza eben so wenig verstehen, als ihn die Gegenseite verstanden hat. Dieser große Denker ist vielfach mißverstanden worden. Den Vorwurf des Atheismus, den ihm ein materialistisches Jahrhundert gemacht hat, können wir jetzt stillschweigend übergehen. Wir wollen nur von jenem Vorwurfe sprechen, den der Idealismus oder sein Repräsentant,

Hegel, ihm gemacht hat, — von dem Vorwurfe des Akosmismus. Hegel sprach, und Viele sprachen ihm nach, dem Spinoza sei die Welt in Gott, die Verschiedenheit in der Einheit, das Subject in der Substanz verschwunden, — Hegel betonte es sehr, daß Spinoza an der Schwindsucht gestorben. — Was das Letztere betrifft, so haben wir gar nichts dagegen, wenn Ihr von Spinoza's Leibesbeschaffenheit einen Schluß ziehen wollt auf die Beschaffenheit seines Geistes; nur dürft ihr alsdann nicht blos in Rechnung bringen, wie jene diese, sondern auch wie diese jene modificirt hat. Anerkannt ist, daß Spinoza's geistige Willenskraft auf die längere Dauer seines Daseins fast wunderbar gewirkt hat. — Aber, Scherz bei Seite, mit der Schwindsucht war's Euch auch so Ernst nicht! Ihr wollt damit nur sagen, Spinoza fasse das Subject als endliches, verschwindendes; Ihr glaubt aus Spinoza's Ethik Welt- und Lebensverachtung herauszulesen, Alles der Substanz, Nichts dem Subject darin vindicirt zu sehen. Aber das letzte (5te) Capitel der Ethik besteht fast nur aus Sätzen, in welchen die Göttlichkeit und Ewigkeit des Subjects, der Person, oder wie Ihr Euch auszudrücken für gut findet, die „Persönlichkeit Gottes" deducirt ist. Und dann sagt mir doch, wie sind mit Eurer Auffassung der Spinoza'schen Ethik jene Aussprüche derselben vereinbarlich, welche so viel Gewicht auf die Erhaltung des Lebens legen, so daß sogar ein Satz darin vorkommen konnte, wie dieser: „es kann in unserm Geiste keine Idee geben, welche das Dasein unsers Körpers ausschließt, sondern eine solche ist ihm entgegengesetzt" (Ethik, Theil 3, Satz 10), — ein Satz, der das „Sichaufgehenlassen in Gott" oder, mit einem Worte, den Akosmismus als eine Form des Wahnsinns stempelt? — Dieser Satz geht aber aus den Principien der Ethik ganz folgerichtig hervor. Denn nach diesen Principien ist das, was das wahre Leben des Menschen bildet, nicht die Substanz, wie Ihr zu glauben scheint, nicht Gott schlechthin, sondern Gott, in so fern Er in uns lebt, das Wesen unseres Daseins bildet. Gerade umgekehrt, als Ihr glaubt, sind wir nach Spinoza des göttlichen Lebens nicht theilhaftig, wiefern Gott Substanz ist und Allem inwohnt, sondern nur insofern Er Subject ist und uns inwohnt. In seiner Metaphysik erkennt Spinoza nur die Substanz, in seiner Ethik aber nur das Subject an. — Unsere Idealisten scheinen hier, wie überall, die Metaphysik auf Kosten der Ethik studirt zu haben. —

Ist in Deutschland die Richtung nach der Vergangenheit hervorgetreten, ist hier nur das Dasein gerechtfertigt worden, so ist dagegen in Frankreich nur das Streben nach dem, was da sein soll, nur die Richtung nach der Zukunft hervorgetreten. Auch diese Richtung war eine einseitige, aber sie war nicht einseitiger, als die deutsche. — Frankreich ist von einem dem unsrigen entgegengesetzten Wege ausgegangen, um zum Ziele zu gelangen. Die Ausgangspunkte waren verschieden, aber Ein Ziel vereinigt uns beide wieder. Wir thun den Franzosen des 19. Jahrhunderts Unrecht, wenn wir sie noch für die crassen Materialisten des achtzehnten halten. — Erfreulich ist es, zu bemerken, wie der aus seiner Unmittelbarkeit herausgetretene Spinozismus sich wieder in sich zusammenzunehmen beginnt. Das Streben nach Vermittlung der beiden Typen, als deren Repräsentanten wir hier Deutschland und Frankreich erkannt haben, ist nicht mehr zu verkennen. Wir haben schon in der Einleitung nachgewiesen, wie Hegel, weil er eben die Zukunft ausschloß, auch den Begriff der Vergangenheit nicht zu Stande bringen konnte. — Es könnte auf der andern Seite eben so nachgewiesen werden, wie St. Simon, weil er es blos mit der Zukunft zu thun hatte, die ächt praktische, freie ethische That nicht erzeugen konnte. —

Uebrigens können und wollen wir unserseits der Geschichte nicht vorgreifen. Um die Freiheit zu ihrer vollen Verwirklichung zu bringen, muß noch durch die Emancipation der Gesetze dem Werke der Neuzeit die Krone aufgesetzt werden. Nach unserer schon ausgesprochenen Ansicht ist England dazu berufen, die Freiheit ganz zu realisiren. Bis dahin ist Alles nur Stückwerk. Die Deutschen und Franzosen können es beim besten Willen ohne ihr Mittelglied, England, zur Erlangung des Zieles nicht bringen. Eben so wenig kann aber auch England für sich allein zum Ziele gelangen, ohne sich auf jene beiden andern Nationen und ihre Bestrebungen zu stützen. Religion, Sitten und Gesetze müssen durch unsere vereinte Thätigkeit errungen werden. Zwar Jedes an seinem Orte: in Deutschland die social-geistige Freiheit, weil hier die Geistesherrschaft vorherrschend, in Frankreich die social-sittliche Freiheit, weil hier die Willenskraft mächtig, — in England die social-politische Freiheit, weil hier der praktische Sinn am meisten entwickelt ist. Soll aber die Arbeit erfolgreich werden, so müssen Deutsche, Franzosen und Engländer zusammen wirken. Deutschland muß sich an Frankreich und dieses an England anschließen, sonst bleibt die Wurzel ohne Blüthe, und die Blüthe ohne Frucht, — und umgekehrt wiederum muß sich England auf Frankreich und dieses auf Deutschland stützen; denn es treibt keine Blüthe ohne Wurzel, und keine Frucht reift ohne Blüthe. — So wie die Blüthe der Religion die Tugend, und die Frucht der Tugend Glückseligkeit, eben so ist auch umgekehrt wiederum wahre Religion die einzige Grundlage guter Sitten, und nur aus diesen entspringen nützliche Gesetze. — Die Triarchie Deutschland, Frankreich und England verdient daher wohl eher den Namen einer europäischen und die Aufmerksamkeit des Geschichtsforschers und Staatsmannes, als jene Pentarchie, auf welche jüngsthin ein russischer Sophist die Blicke der Welt gezogen hatte.

Fünftes Capitel.

Deutschland, Frankreich und England.

Unsere Zukunft oder die social-politische Freiheit.

„Dies irae, dies illa
Solvet secla in favilla.“

Inhalt.

Gott sprach: es ist nicht gut, daß der Mensch allein sei, — da entstand die erste Verbindung von Menschen, die Familie. Und die Liebe wirkte fort und verband Stämme, Nationen, Ra= cen, und wird einst die ganze Menschheit zu einem großen heili= gen Reiche vereinigen. Der Haß aber hat stets gegen die Wir= kungen der Liebe Opposition gebildet. Im Familienleben kam er als nackter Egoismus, in den Stämmen und Nationen als Geburtsaristokratie und Kastengeist zum Vorschein. In den Ra= cen ist der alte Nationalhaß noch nicht ganz erloschen, und die Menschheit wird noch lange gegen die Antipathien der Racen anzukämpfen haben. — Ja, ein so zähes Leben hat der Haß, daß auch in den höheren Schöpfungen der Liebe noch seine niedrig= sten Formen auftreten! Und wähnt Ihr etwa, das trennende, negirende Princip schleiche sich nur verstohlen ein? O, nicht doch, der Teufel hat keine Scheu vor Eurem Licht! Er ist ein Schelm,

ein Sophist, kann disputiren! Hat die Liebe Gegensätze aufgeho=
ben, und spuken sie noch immer fort, so findet sich auch immer ein
Männlein, das diesen Spuk rechtfertigen kann. Seine Haupt=
argumente sind ungefähr folgende: Ein großer Philosoph hat
gesagt: was wirklich ist, ist vernünftig; die Gegensätze sind da,
folglich sind sie vernünftig! Zweitens, fährt das Männlein in
seiner defensio diaboli fort, ist Eure einigende Liebe und geliebte
Einheit eine Abstraction; Vernichtung der Gegensätze ist Vernich=
tung des Lebens. Individuen, Familien, Stände, Stämme,
Nationen, Racen sind concrete Organisationen. Vernichtet Ihr
diese natürlichen Gegensätze, so vernichtet Ihr concrete Schöpfun=
gen, aus welchen die menschliche Gesellschaft besteht u. s. w.
Mit diesen Argumenten hat das Männlein mit dem Pferdefuße
schon manchen wackern Kämpfer für die höchsten Interessen der
Menschheit aus dem Felde geschlagen, — aber die Feuerprobe
der Liebe halten sie nicht aus. „Was wirklich ist, ist vernünftig,"
sehr wahr, aber auch was da sein wird. — Außerdem ist Spuk,
keine Wirklichkeit. — Was aber das Zweite betrifft, so werden
durch Aufhebung der Gegensätze die niedrigen Organisationen
der Liebe wohl aufgehoben, aber nicht vernichtet, vielmehr aus
dem rohen, natürlichen, zum gebildeten, geistigen Leben emporge=
hoben. Wenn Mann und Weib sich liebend vereinigen, so bil=
den zwar zwei Individuen nur Ein Wesen, die Familie, aber in
diesem einen sind die beiden ersten nicht vernichtet. Und wenn
einst Stämme, Nationen, Racen sich liebend vereinigen, Eine
große Familie bilden, Ein Interesse verfolgen, so sind diese frü=
heren Organisationen der Liebe hiedurch nicht vernichtet.

Auch die politisch=socialen Bestrebungen unserer Zeit sind ver=
dächtigt worden, gleichwie ihre religiösen und sittlichen. Die
beiden letztern, die schon einen festen Boden gewonnen haben,

konnte man nur verleumden; jene, die freilich bis jetzt noch ohne
reale Grundlage sind, indem wir die social=politische Revolution
noch vor uns haben, hat man auch verhöhnt. — Die Praktischen
par excellence, die Männer der That, sind impotente Träumer
genannt worden, weil die Weltgeschichte den augenscheinlichen
Beweis ihrer Potenz noch nicht geliefert hat. — Die Geistes=
und Sittenreformatoren waren praktische Leute, weil deren Refor=
men schon im Buche der Geschichte stehen; die Ideen der heuti=
gen Gesetzesreformatoren hingegen sind pure Utopien. — Daß
die Art und Weise, wie von Manchen die Ideen der Gesetzesrefor=
mation gegenwärtig schon in allen ihren Einzelheiten ausgemalt
werden, eine Thorheit sei, läugnen wir nicht im Mindesten, wer=
den im Gegentheil diese Irrthümer noch oft zu rügen haben.
Aber was die objective Grundidee selbst der Emancipation der
Gesetze betrifft, die bereits mehr oder minder klar in jedem Vor=
kämpfer der Zeit lebt, so wollen wir doch sehen, ob sie wirklich
so unpraktisch sei, als man uns glauben machen möchte. — Die
noch im Zeitgeiste verschlossene Idee der Zukunft hat zwar noch
keine Welt=, aber doch schon eine geistige Geschichte, und diese
spricht deutlich genug. Wir können sie schon hören und beurthei=
len. — Die ersten Anfänge der praktischen socialen Ideen fallen
in jene Zeit, da die Menschen sich noch ohne Murren mit Ab=
stractionen abspeisen ließen. Als damals der praktische Sinn
zuerst merken ließ, daß er schon (!) in diesem Leben nach einer ge=
wissen Vollkommenheit strebe, erhoben sich sogleich die Sachwal=
ter des Idealismus und posaunten in die Welt hinaus: Wohl
soll der Mensch nach Vollkommenheit streben, das ist lobenswerth,
das ist seine „Aufgabe,‟ aber nie soll er vergessen, daß diese Auf=
gabe eine „unendliche,‟ daß Vollkommenheit ein Ideal sei, wel=
ches auf „dieser‟ Welt nicht erreicht werden kann! Dieser gute,
altkluge, philosophische Rath in die allgemein verständliche Volks=
sprache übersetzt, würde lauten: „O ja, Ihr sollt streben, aber

ohne Ziel! Fahret nur immer fort, wie seit beiläufig sechs Tau=
send Jahren, das verlorne Paradies zu erobern; aber laßt es Euch
ja nicht einfallen, es wirklich erobern zu wollen!" — Es war
ihnen eigentlich nicht zu verdenken, den alten Schulmeistern, daß
sie sich von vorn herein mit aller Macht den realen Tendenzen
widersetzten. Ein richtiger Instinct sagte ihnen, daß wenn diese
Tendenzen einmal Wurzel gefaßt, der Dogmatismus keinen Raum
mehr in der Welt haben würde. Jedes Ding aber sucht sich zu er=
halten. Es war also ganz natürlich, daß der Idealismus sich
gegen das Realisiren des Ideals widersetzte. Nur hätte er ge=
schickter und ehrlicher kämpfen sollen. — Was heißt eine „un=
endliche Aufgabe," ein „unendliches Streben?" — Doch wohl:
eine Aufgabe, ein Streben ohne Ende, ohne Ziel. Ein solches
Streben ist aber leer, hohl, nichtig, ein Gedanke ohne Sinn, eine
Form ohne Inhalt. Hört auf, das Streben nach Vollkommen=
heit anzupreisen, oder unterdrückt das Hohngelächter, womit Ihr
die ernstlich Strebenden, wenn sie dem Ziele näher kommen, zu
verwirren und an ihren Bestrebungen irre zu machen sucht! Ein
Anderes würde es gewesen sein, wenn behauptet worden wäre
(wie dies später, nachdem die erste Widerrede in Mißcredit gekom=
men war, wirklich geschehen ist), das Ziel sei noch ferner als es
scheine. In dieser Behauptung liegt kein innerer Widerspruch,
aber auch keiner gegen die praktischen Bestrebungen. Wenn es
wahr ist, daß die Menschheit noch weit von ihrem Ziele entfernt,
so entsteht dadurch die Anforderung, dasselbe ihr näher zu brin=
gen, um so stärker.

Die Männer der That blieben nicht bei dem abstracten
Streben nach Vollkommenheit stehen. Sie fragten sich: was ist
Vollkommenheit, was ist namentlich die Vollkommenheit, nach
der die Gesellschaft streben kann und soll, — was ist Vollkom=
menheit in Bezug auf sociale Gesetze? — Was im Allgemeinen
das Wesen der Vollkommenheit, ist von Spinoza eben so gründ=

lich als concret auseinandergesetzt worden, und es wäre sehr überflüssig, uns hier über einen philosophischen Gegenstand in eine weitläufige Erörterung einzulassen, die ohnehin nicht an der Zeit ist. — Wer von Gott durchdrungen, trägt auch den rechten Begriff der Vollkommenheit in sich, — wer nicht Gottes ist, läugnet zwar, daß wir vom Wesen Gottes und der Vollkommenheit einen Begriff haben; allein wir fühlen uns eben so wenig berufen, als befähigt, das Gegentheil auf logischem Wege darzuthun. Spinoza selbst hat sich mit diesen metaphysischen Spitzfindigkeiten nicht abgegeben. Wer Gott durch den Mittler noch nicht errungen hat, — wer nicht vorher schon vom Geiste durchdrungen ist, der in der Ethik Spinoza's als ein fertiger, nicht in seinem Werden auftritt, — wer hier nicht sein eigenes besseres Selbst wie in einem klaren Spiegel schaut, — der wird durch Spinoza keineswegs zu jenem Selbstbewußtsein erhoben werden, welches dieser tiefe Denker die Erkenntniß Gottes nennt. Er wird Wahrheit, aber nicht die beseligende, Erkenntniß, aber nicht die lebendige bei ihm finden. Denn todtes Verstehen ist noch lange nicht lebendiges Erkennen. Es ist ein großer Unterschied zwischen einem äußerlichen Erkennen und einem Durchdrungensein vom Erkannten in Geist, Gemüth und Phantasie. Wahrhaft Erkanntes ist nur das Durchlebte! — Ohne uns daher in eine philosophische Discussion über das Wesen und die Erkennbarkeit des Höchsten einzulassen, geben wir hier die Antwort auf die obigen Fragen, wie sie von den Fragstellern selbst gegeben wurde. Wir sagen mit den Männern der That ganz einfach: Vollkommenheit ist Einheit, und die menschliche Gesellschaft, um ihr Ziel erreicht zu haben, braucht nur einig in sich selber zu sein.

Die Sachwalter des Idealismus, welche von ihrer ersten Widerrede abgebracht worden waren, hatten gegen diese nähere Bestimmung des Zieles um so weniger etwas einzuwenden, als

damit ja noch gar nicht gesagt wurde, daß das so festgesetzte Ziel
der menschlichen Gesellschaft auch wirklich erreichbar, oder so bald
erreichbar sei. — Man lese nur, wie behutsam z. B. Lessing noch
(Gespräche für Freimaurer) diese Idee ausspricht, wie wenig er
noch daran denkt, dieses Ziel anders, als durch ein sogenanntes
„opus supererogatum" einigermaßen näher bringen zu können.
Ja damit waren die, wie gesagt, etwas fortgeschrittenen Zions-
wächter schon einverstanden! Wenn ein Freimaurer, der „ruhig
den Aufgang der Sonne erwartet," auch so was denkt, was kann
das viel schaden?! — Es hat sich jedoch später gezeigt, daß es
den Männern der That mehr um die Verwirklichung jener Vollkommenheit der Societät zu thun war, als es anfangs den An-
schein hatte. — Die französische Revolution brach aus — und
man sagte sich: die Prämisse — mögen die Sachwalter des Idealismus sie zugeben oder nicht — ist wahr, folglich, schloß man,
dürfen Individuen, Familien, Stände u. s. w. keine entgegengesetzten Interessen haben, — folglich darf im Besitze keine Trennung sein zwischen Individuen, Familien u. s. w., folglich müssen
wir uns associiren, um den vollkommnen Zustand der menschlichen
Gesellschaft zu verwirklichen. — Diese Folgerungen wurden nicht
so rasch hintereinander, wie hier, ausgesprochen; zwischen einer
und der andern verfloß immer einige Zeit. — Aber der Idealismus merkte es gleich, daß man mit dem unerhörten Gedanken
umging, eine Brücke von der Idee zur That zu schlagen. Indessen glaubte er noch, diesem „schrecklichsten der Schrecken" durch
einen litterarischen Kreuzzug vorbeugen zu können. — Wir müssen also vor Allem unsere Blicke diesem litterarischen Kampfe zuwenden, zusehen, wie der leichten, aber kühnen Cavallerie der Fortschreitenden das schwere, aber unbewegliche logische Geschütz der
Stabilen entgegengestellt wurde. Am Ende freilich, als der Idealismus die „Ritter des heiligen Geistes" mitten durch sein Ge-
schützesfeuer hindurch und über seine Kanonen hinweg mit heiler

Haut davon sprengen sah, mochte ihm wohl der bloß litterarische
Kampf gegen die „Unpraktischen" nicht mehr genügend erscheinen;
denn er schickte nach der Polizei, ließ seine Abgeordneten im Par=
lament für die „heilige Sache der Religion" auftreten, und be=
diente sich überhaupt wieder ganz sonderbarer Mittel zum „heili=
gen" Zwecke . . . Doch zum bessern Nachweise aller dieser Ma=
chinationen müssen wir weiter ausgreifen und dieselben von
ihrem ersten Ausgangspunkte an verfolgen.

Die Männer der That haben sich, wie die Leser gesehen, an=
fangs dahin ausgesprochen: Da die Menschheit, um ihr Ziel
erreicht zu haben, nur in sich selber einig zu sein braucht,
so dürfen Individuen, Familien u. s. w. keine entgegen=
gesetzten Interessen haben. — Dagegen wurde behauptet:
„der Mensch sei von Natur ein Egoist; es sei schon viel, wenn
er sein Interesse ganz mit seiner Familie verschmelze, zu viel wäre,
von ihm zu verlangen, seine Liebe noch weiter auszudehnen.
Sehr selten finde sich schon aufopfernder Patriotismus; nun gar
dahin streben, die Thätigkeit des Individuums für die ganze mensch=
liche Gesellschaft in Anspruch zu nehmen, — das sei und bleibe
stets pure Utopie!" — Hören wir nun die Gegenseite: „Ihr
sagt, der Mensch sei von Natur ein Egoist; wir sind damit voll=
kommen einverstanden! Aber der gesellschaftliche Mensch ist ein
anderer, als der Naturmensch; in der Gesellschaft wird des Men=
schen Geist human, social gebildet. Zwar hat bis jetzt die Ge=
sellschaft den Menschen, statt ihn zu bilden, verbildet; da sie bis
jetzt das höchste noch nicht erreicht hat, da noch niedrigere Mit=
telstufen des Geistes prävaliren, so hat bis jetzt die sociale Bil=
dung oft ihr Gegentheil hervorgebracht. Aber was beweist das
weiter, als daß die Gesellschaft bis jetzt noch keinen socialen Men=
schen bilden konnte?" — Auch hiermit sind wir bis zu einem ge=

wiſſen Punkte einverſtanden. Doch ſcheinen die Schulmeiſter es
ganz zu überſehen, daß trotz des bisherigen mangelhaften Zuſtan=
des der menſchlichen Geſellſchaft der natürliche Egoismus doch
nur noch ausnahmsweiſe in ihr herrſcht, ſo daß, wenn auch der
Menſch in dieſer Beziehung gar nicht weiter zu beſſern wäre,
ſchon das Vorhandene für uns ſpräche. Die menſchliche Geſell=
ſchaft würde ſich ſchon lange in ſich ſelbſt aufgerieben haben, wenn
hier nicht humane, ſociale Bildung vorherrſchend, Verbildung
und wilde Naturtriebe aber Ausnahmen wären, die dem Ganzen
und Großen nichts anhaben können. Der größere Haufe iſt zwar
zu allen Zeiten roh geweſen, aber nicht in der Maſſe, ſondern in
der Intelligenz iſt die Macht begründet. Die intellectuale Liebe
war ſtets Geſetzgeberin. Um aber die Stufe zu beſtimmen, auf
welcher die Menſchheit ſteht, muß nicht die Quantität, ſondern
die Qualität ihrer intellectualen Liebe in Betracht gezogen wer=
den. — Im Alterthum ſchon war ſie bis zur Stufe des Patriotis=
mus gelangt, obgleich nicht alle Alten Patrioten waren. — Und
wenn ſie auch nur in einem Winkel der Erde ſo ausgebildet wäre,
daß ſie dem Begriffe der vollkommenen Humanität entſpräche, ſo
würde ſie bald die ganze Welt erobern." — —

So ſprachen, ſo dachten wenigſtens die Männer der That,
und ſchritten, ohne ſich weiter um die Schulmeiſter zu bekümmern,
über die Brücke, welche die Wahrheit und die Wirklichkeit verbin=
det. Da verwandelte ſich plötzlich der Idealismus, der in ſeiner
urſprünglichen Geſtalt nicht nachrücken konnte, in ein kleines
Männlein, — wir haben es ſchon am Eingange dieſes Buches
kennen gelernt, — das hinkte hinter den Fortſchreitenden her, und
ſchimpfte laut, daß die Polizei es hörte: „Man kennt Euch wohl,
Ihr gefährlichen Schwärmer, jung Deutſchland, jung Frankreich,
jung England! Eure Philoſophie iſt eine Räuber= und H . . . .=
Philoſophie! Ich ſoll mein Weib und mein Vermögen jedem
Lumpen preisgeben? Daraus wird nichts! Die Menſchen haben

Gottlob (!) noch zu viel gesunde Moral, als daß sie Eurer Fahne folgen sollten! Wer wird in Eurer Gesellschaft leben wollen, da Ihr jede Tugend und jede freie Thätigkeit ertödten wollt! Ohne Gegensätze würde jedes Leben, ohne Concurrenz jedes Streben aufhören, wie überhaupt in Eurer Ordnung, die ja nach der Voraussetzung das Höchste erreicht haben soll, kein weiterer Fortschritt denkbar ist. In der Trennung der Interessen, wie in allen Gegensätzen, liegt der Stachel, der die Menschen vorwärts treibt, der sie thätig, erfinderisch, productiv macht. In Eurer Ordnung geht die Freiheit unter; Euer Paradies ist ein Schlaraffenland, Eure Menschen sind Automaten! Nur eine kranke verweichlichte Phantasie kann an einem solchen Paradiese Wohlgefallen finden. — Wo ist übrigens die Bürgschaft für Eure Ordnung selbst? Wer steht dafür, daß nicht Eure Höchsten, die ohnehin schon so viele Macht in Händen haben, sich am Ende in eine förmliche Kaste abschließen, und so Eure gefürchtete Trennung des Besitzes von Neuem und ärger, denn je, zum Vorschein komme?"

Wir stehen noch mitten auf der Brücke, wo diese aus Wahrheit und Lüge künstlich zusammengesetzte Apostrophe mit einer diabolischen Skandal- und Schadenfreude gehalten wurde. — Im Allgemeinen muß dem, was in neuester Zeit gegen die Verwirklichung der Idee der Einheit gesagt und geschimpft wurde, die Bemerkung entgegengehalten werden, daß damit weniger gegen die Grundidee der Neuzeit, als vielmehr gegen die falschen Consequenzen derselben zu Felde gezogen worden ist. Eine solche Kriegführung ist des Gegners der Liebe würdig. Er bekämpft im Grunde seine eignen Machwerke. Denn wenn einst die Liebe das historische Recht oder richtiger die durch dasselbe sanctionirten Gegensätze und Trennungen aufhebt, wird der Gegner, der Haß, ohne Zweifel ein Theil jener falschen Consequenzen, die er den Bestrebungen der Liebe unterschiebt, zu verwirklichen und so das Werk der Liebe wieder zu vereiteln bemüht sein. Konnte er aber schon bis jetzt im Großen nichts ausrichten, mußte er sich deshalb schon damit begnügen, im Kleinen Böses zu stiften, so wird er sich in Zukunft wohl auch mit dieser Macht über das Einzelne zufrieden geben müssen! — Es ist in der That nicht abzusehen, wie alles das Böse, was als aus der Grundidee unserer Zeit folgend dieser vorgeworfen wird, anders als nur ausnahmsweise aufkommen konnte. Die Herrschaft einer socialen Ordnung, wodurch einerseits die, welche gegenwärtig die Begünstigten des Glückes sind, ihren Besitz zum Wohle des Ganzen theilweise opfern, — anderseits die, welche eben dadurch aus dem tiefsten Elende in einen nie gekannten Wohlstand erhoben, dennoch verhindert werden, aus dem Extrem von Unterwürfigkeit in das Extrem von Uebermuth umzuschlagen, — setzt schon in der Menschheit einen zu hohen Grad von intellectualer Liebe voraus, als daß da, wo diese Liebe einmal zur Herrschaft gekommen, je wieder die Macht des Bösen im Allgemeinen zu befürchten wäre. Wir betonen das „im Allgemeinen", denn wie in seiner Theorie, so schöpft auch in seiner Praxis der Gegner der Liebe aus den Einzelheiten stets seine Kraft. Mitten in der Herrschaft der Liebe sogar läßt sich aus einzelnen Raum= und Zeitabschnitten der Haß nicht ganz vertreiben, wie viel weniger aus einer Uebergangszeit, wie die unsrige, wo eine höhere Idee erst verwirklicht werden soll. Da wird einerseits die Idee zu rasch, zu früh ins Leben eingeführt, wodurch das Ideal nur beschmutzt, aber keineswegs verwirklicht wird. Anderseits aber wird umgekehrt die Verwirklichung neuer Ideen immer länger auf sich warten lassen, als es der Wunsch der fortgeschrittenen, thatkräftigen Geister sein kann, wodurch diese unzufrieden, ungeduldig und stets zur Revolution geneigt werden, welche denn auch am Ende selten ausbleibt, da dem Bestehenden das Neue immer zu früh kommt. Das Bestehende klagt immer darüber, daß man ihm keine Zeit lasse, sich der Idee zu nähern; aber eigentlich nähert sich das Bestehende der

Idee niemals, sondern diese jenem. — Doch auch nach der Verwirklichung der Idee läßt das böse Princip, wie gesagt, sich nicht
ganz vertilgen. Der Teufel hat sichs nie ganz nehmen laffen, in
großen Werken der Liebe sein Spiel zu treiben. Das zukünftige
Werk der Liebe wird, wie jedes frühere, wie die französische Revolution, das Christenthum u. f. w., Ausartungen unterworfen
sein, aber der Weltgeist ist nicht so dumm, durch Stillstand oder
Aengstlichkeit dem Bösen noch leichteres Spiel zu machen!

Man hat sich, weil das Schimpfen des Gegners die Polizei
herbeigelockt, dermaßen einschüchtern laffen, daß das in den innern
Bewegungen des Zeitgeistes und den Künsten des Gegners nicht
eingeweihte Publicum glauben mußte, dieser Gegner, den es wohl
an seinem Pferdefuße erkannte, habe doch bei der Gelegenheit
Recht gehabt. — Es dürfte daher nicht ganz überflüffig sein, jene
Verdächtigungen und Entstellungen der Wahrheit auch im Einzelnen näher ins Auge zu faffen.

„In der Trennung der Intereffen, wie in allen Gegensätzen
liegt der Stachel, der die Menschen vorwärts treibt." Allerdings,
und wir sagen darum auch mit dem Citoyen de Genève: „der
Schmerz, der uns dies Gefühl der Krankheit gibt, ist kein Uebel;
denn er bringt uns, wie ein wahrer Freund, unsere Fehler zum
Bewußtsein, wodurch wir zur Befferung angetrieben werden." —
Aber aus diesem Umstande, weil nämlich der Schmerz uns vorwärts treibt, und der Zwiespalt den Schmerz verursacht, den
Schluß ziehen, daß wir also, um den Schmerz, den Freund, der
es so gut mit uns meint, nicht zu verstoßen, — in der Krankheit,
im Fehler, im Zwiespalte, im Gegensatze verharren müffen, — diesen Schluß nennt die Philosophie einen Sophismus, die derbe
Volkssprache aber nennt ihn viel bezeichnender: teuflisch.

„In Eurer Ordnung geht die Freiheit unter" u. f. w. Das

böse Princip hat sich stets in dieser Antithese von Ordnung und Freiheit gefallen, um bald mit der Ordnung die Freiheit, bald, wie hier, mit der Freiheit die Ordnung bekämpfen zu können. — Ordnung und Freiheit stehen sich nicht so einander gegenüber, daß Eines in seiner höchsten Potenz das Andere ausschlösse. Die höchste Freiheit ist vielmehr nur in der höchsten Ordnung denkbar, so wie umgekehrt die höchste Ordnung nur bei der höchsten Freiheit bestehen kann. Denn Freiheit, wie schon einmal in diesen Blättern gezeigt worden, ist Selbständigkeit. Selbständig aber ist dasjenige Wesen, das seinem eignen Gesetze folgen kann, und da das höchste Gesetz der Menschheit, die eben so intellectuale als thätige Liebe, auch das jedes einzelnen Gliedes derselben ist, so kommen in ihr, folgt sie diesem Gesetze der Liebe, Freiheit und Ordnung niemals in Collision. — Man hat eingeworfen, daß da, wo nach der Voraussetzung das Höchste erreicht sei, kein weiterer Fortschritt und daher auch keine freie geistige Thätigkeit mehr möglich wäre. Dieser verständig=pfiffige Einwurf widerlegt sich dadurch, daß in einem vollkommnen Organismus zwar die Form äußerlich abgeschlossen, der Inhalt derselben aber stets im Flusse ist. — Die Freiheit ist der Inhalt der Ordnung, und diese ist die Form der Freiheit. Die freie Thätigkeit des Geistes, welche den Inhalt der socialen Ordnung bildet, steht so wenig mit der Vollkommenheit der letztern im Widerspruche, daß diese vielmehr ohne jene gar nicht denkbar ist. Wo der Inhalt selbst als Form erstarrt, stirbt diese ab, — so lehrt Natur und Geschichte. Die Form darf sich eben so wenig mit dem Inhalt identificiren, als sie diesem ein Aeußerliches, Fremdes sein darf. Der Inhalt muß sich in jedem Momente seine Form selbst schaffen, — das ist die Freiheit des Inhalts; aber er wird gerade dann, wenn er frei, selbständig schafft und im Schaffen nur sich selber folgt und treu bleibt, — trotz seiner wirklichen, höchst freien und unendlich reichen Thätigkeit doch im Aeußern stets als ein und derselbe erscheinen,

— daher die abgeschloffene Form, die höchste Ordnung bei der höchsten Freiheit. — Bis jetzt ist die Geschichte noch in ihrer Entwicklung, in einem Procesfe begriffen; aber nicht dieser Proceß, sondern die Totalität der Geschichte ist das Höchste des Geistes, gerade so wie die Totalität der räumlichen Schöpfung das Höchste der Natur ist. So wenig Gott etwas dadurch von seiner Freiheit und Thätigkeit verliert, weil er von Ewigkeit zu Ewigkeit vollkommen und abgeschlossen ist, eben so wenig verlieren auch Natur und Geschichte durch diese Abgeschlossenheit etwas von ihrer Freiheit und Thätigkeit.

Weil in neuerer Zeit die Form dem Inhalte ein Aeußerliches, Frembes geworden, daher abgestorben und theilweise bereits zerbröckelt ist, verfiel der Geist mitunter in das andere Extrem, sich den Inhalt mit der Form zu identificiren. — Die neueren Systeme, in welchen die menschliche Gesellschaft wie eine Maschine construirt und ihr jebes Rad, jebe Triebfeber vorgezeichnet wird, leiben an einer solchen Identificirung der Form und bes Inhalts. Das ist aber so wenig die Tendenz unserer Zeit, daß sie sich vielmehr von diesen Systemen mit Ekel abwendet. Sie erinnern an die mittelalterliche Kirche und den chinesischen Staat. — Die sociale Freiheit kann sich, so lange die Emancipation der Gesetze vom historischen Rechte noch nicht realisirt ist, nur negativ, als antihistorisch, nicht in Systemen manifestiren, welchen noch der Boden der Realität fehlt. Was uns betrifft, so wollen wir nur die Grundidee der Neuzeit vor den Augen unserer Zeitgenossen entfalten und sie, wo es noth thut, gegen bumme oder boshafte Anfeindungen in Schutz nehmen. — Nur das, was aus dieser Idee nothwendig oder vernunftgemäß, nicht was zufällig oder phantasiegemäß aus ihr folgt, erkennen wir als das Unsrige an. Daher treffen alle jene Vorwürfe, welche einzelnen, wirklichen oder untergeschobenen, Consequenzen jener Idee gemacht wurden, weder uns, noch die Tendenz unserer Zeit überhaupt. — Steht einmal feſt, daß wir nach Einheit des ſocialen, wie des religiöſen und ſittlichen Lebens, — daß wir nach jener Ordnung ſtreben müſſen, welche die Form der höchſten Freiheit, — nach jener Freiheit, welche das Weſen der höchſten Ordnung iſt, — ſo können wir wegen des Uebrigen ganz unbeſorgt ſein. Kommt Zeit, kommt Rath, ſagt ein gutes deutſches Sprichwort. Die Zukunft in allen ihren detaillirten Einzelheiten vorherbeſtimmen, das kann keine Philoſophie, das kann nur die Prophetie oder die ſich dafür haltende Verrücktheit. In den Einzelheiten hat die Willkür, das Böſe einen zu großen Spielraum. Das Schiller'ſche

> „Und erſtickſt Du es nicht in den Lüften frei,
> Stets wächſt ihm die Kraft auf der Erde neu" —

hat hier ſeine Geltung. Wir wollen dieſen Schiller'ſchen Spruch nur noch etwas ſchärfer hervorheben. — Da der Gegner der Liebe alle ſeine Kraft aus den Einzelheiten ſchöpft, ſo wollen wir dieſem Gifte ſeine Schädlichkeit nehmen, indem wir es kenntlich machen. Man merke wohl: — dem Böſen gehören die Einzelheiten aus dem Zuſammenhange geriſſen, der Liebe aber gehört das Ganze. — Dieſer in der Spinoza'ſchen Weltanſchauung tief begründete Satz zeigt das ſophiſtiſche Kunſtſtück, auf welches der Gegner immer wieder zurückkommen muß, wenn er die Beſtrebungen der Liebe, theoretiſch oder praktiſch, bekämpfen will, in ſeiner ganzen Nacktheit. Es iſt daher intereſſant, zuzuſehen, wie er einer Wahrheit gegenüber ſich geberdet, die ſeine ganze Geſtalt beleuchtet; tödten läßt er ſich unter keiner Bedingung; kann er ſein Leben nicht mit Ehre erhalten, ſo erhält er es mit Schande. — Auf dem Boden der Neuzeit, das ſieht er endlich ein, kann er nicht mehr kämpfen; er iſt hier ganz entwaffnet. — Ei, ſo flüchtet er von dieſem Schlachtfelde, und — wird wieder Glaubensheld! Er weiß zwar ſelbſt, daß hier keine Lorbeeren mehr zu erringen ſind, und ſtößt mitunter Seufzer über das Dahinſchwinden des Glaubens und der guten alten Jeſuitenzeit aus!

Sie sind gar nicht erheuchelt! Aber er ist noch immer ein Mann von Welt, weiß sich zu helfen, macht aus der Noth eine Tugend, nennt seine schmähliche Flucht Bekehrung, gibt seine Seufzer für fromme aus, treibt nach wie vor Philosophie, aber nur „christli= che," läßt sich als Vermittler der Wissenschaft und des Glaubens auf einen vacanten Lehrstuhl in . . . . nieder, und hält Vorlesun= gen über das Verhältniß der Speculation zur Offenbarung, recht= gläubige Vorlesungen, in welchen er darthut, daß Gott die Welt in sechs Tagen geschaffen, am siebenten aber geruht habe und seitdem noch ruhe, — daß das menschliche Individuum, nachdem es „dieſſeits" durch die Erbſünde dem Tode verfallen ſei, „jen= ſeits" durch Chriſtum erſt recht zu leben anfange, — daß über= haupt nach der tröſtlichen Lehre, welche den Gläubigen geoffen= bart, dem Individuellen, Einzelnen eine viel höhere Bedeutung zukomme, als ihm die ungläubige Philoſophie gebe . . . . Merkt Ihr? — — Von dieſem Standpunkte aus braucht man freilich die Wahrheit nicht mehr vermittelſt Sophismen zu bekämpfen; hier kann ſich der Gegner der Intelligenz und der Liebe ganz con= ſequent bleiben, indem er ja nicht mehr bloß die Reſultate der Vernunft mit einem gewiſſen Anſtrich von Vernünftigkeit, ſondern die Vernunft ſelbſt bekämpft. Er macht ein Bündniß mit den Vernunftſchmähern aller Zeiten, aller Länder. Proteſtant, Katho= lik, Jude, Alles iſt ihm Autorität, ſofern es ſich nur als Gegner der Vernunft zeigt. — Ein Proteſtant (F. H. Jacobi) hat behaup= tet, die „arme" Vernunft müſſe eigentlich bei der „reichen" Offen= barung „betteln" gehen, dazu ſei ſie zwar zu „ſtolz," aber „zum Graben fehlten ihr Hände und Füße," — dieſer Proteſtant iſt eine Autorität! — Ein Jude (Steinheim) hat geſagt, man erkenne die göttliche Offenbarung daran, das ſei ihr „Schiboleth," daß ſie „vernunftwidrig," — dieſer Jude iſt eine Autorität! — Die größte Autorität iſt aber natürlich die katholiſche Kirche, die auch einſt noch alle Vernunftſchmäher, um ſie den Schlingen der Welt zu

entziehen, in ihren Schooß wird aufnehmen müssen! — Dagegen
haben wir gar nichts. Wir lassen Jedem die Wahl zwischen
Vernunft und Autorität, zwischen Geistesfreiheit und Geistesknecht=
schaft, ohne ein ernstes Wort zur Bekämpfung der letztern zu ver=
lieren, da in dieser Beziehung die Zeit längst für uns entschie=
den hat! — Von solchen Theorieen, wie breit sie sich auch in neue=
ster Zeit wieder machen, ist nichts mehr zu fürchten. Es sind
partielle krankhafte Erscheinungen, die vom schon erstarkten Or=
ganismus überwältigt werden. — Wenn vom Katheder herab
docirt wird: das Einzelne und Zufällige ist das „Persönliche“
und Freie, hingegen die Objecte der Speculation, das Allgemeine
und Nothwendige, sind ohne „Inhalt“ und Wesenheit, — wer
hört darauf? — Fände solche Begriffsverwirrung wirklich noch
Anklang, so müßten wir auf jeden Fortschritt verzichten, so hätten
tausendjährige Mühen und Arbeiten die Menschheit noch keinen
Schritt weiter gefördert, so wäre sie troß alles im heiligen Kampfe
vergossenen Blutes jenen niedrigen Stufen noch nicht entwachsen,
auf welchen Willkür als Freiheit, Vereinzelung als Selbständig=
keit, zeitliche Fortdauer als Ewigkeit, diese aber leer, inhalt= und
wesenlos erscheint. —

Die letzte nothwendige Consequenz aller zeitwidrigen Be=
strebungen ist immer Rückkehr in den Schooß der Kirche. — Aeu=
ßere Autorität, Geistesknechtschaft, — das ist die letzte Stütze aller
Gegner der Freiheit und Ordnung. Jeder andere Grund der
Gegner ist, bewußt oder unbewußt, ein lügnerisches Truggewebe. — Nur aus der geistigen folgt auch die sittliche und
sociale Unfreiheit. Eben so ist umgekehrt die Emancipation der
Gesetze, wie jene der Sitten, eine nothwendige Folge der
Emancipation des Geistes. Diese Folgerung muß entweder gemacht, oder die Prämisse, die Geistesfreiheit, verläugnet werden.
Die Freiheit ist ein Organismus, dem auch nicht ein Glied fehlen
darf, ohne verstümmelt zu sein. Die drei Emancipationen, welche

hier entwickelt worden, sind nur verschiedene Emanationen ei=
nes und desselben Wesens, der männlichen Selbständigkeit. Als
die Menschheit in ihr Mannesalter trat, entfernte sie sich gleich
weit von der innern Ungebundenheit und äußern Abhängigkeit;
die Fesseln, die nicht sie sich selbst, sondern eine frühere, ihrem
Culturstande fremde Gesetzgebung, Sitte oder Religion ihr aufer=
legt hatte, wurden nun, eine nach der andern, abgeworfen oder
zerbrochen, — freilich nur deshalb, weil neue geschaffen werden
sollten; aber die Fesseln, die wir uns auflegen, drücken nicht.
Wir können uns frei darin bewegen, und doch sind sie so fest, daß
wir, wenn wir auch wollten, sie nicht, wie die alten, würden ab=
werfen können; denn sie sind keine äußerliche Bekleidung, die nach
Belieben an= und ausgezogen werden kann. Das freie Gesetz
der Zukunft ist eine natürliche Haut, die stets aus der
Menschheit herauswächst und mit ihr bis ans Ende ih=
rer Tage verwachsen bleibt. — Aus der einigen Societät ge=
hen die Gesetze stets frisch, wie eine lebendige Quelle aus tiefem
Grunde, in ewiger Jugend hervor. Die Garantien gegen Irre=
ligion, Sittenlosigkeit und Tyrannei, welche der noch nicht eini=
gen menschlichen Gesellschaft durch geschriebene Gesetze, heilige
Gebräuche, wie durch äußerliche stabile Formen überhaupt gege=
ben werden mußten, sind für die einige Menschengesellschaft über=
flüssig. Die Gesellschaft wird immerhin der geistigen Belehrung,
aber keiner Confession, der Ueberwachung der Sitten, aber keiner
stabilen Regeln, der Herrschaft der Gesetze, aber keiner historischen
Rechte bedürfen. Die Reformation hat noch eine constitutionelle
Kirche, die heilige Schrift, und die französische Revolution noch
einen constitutionellen Staat, die heilige Charte, haben müssen.
Auch diese Fesseln, die sich zwar die freie Menschheit selbst anlegte,
sind noch nicht die rechten, weil die Menschheit, als sie sich diesel=
ben schuf, noch nicht frei und einig, sondern erst im Streben nach
Freiheit und Einheit begriffen war. — So gewiß aber als die=

ses Streben ein Ziel hat, so gewiß werden auch diese letzten äu=
ßeren Fesseln noch abgeworfen werden. — Auf dem Standpunkte
der Reflexion entstanden die äußerlichen Gesetze, wie das äußer=
liche Regieren überhaupt diesem Standpunkte angehört. Die Zu=
kunft aber, die den absoluten Standpunkt der Speculation erringt,
wird nicht mehr, weder in der Religion, noch in der Politik, einem
äußerlichen Herrn und Gott unterthan sein!

Es kann und soll nicht Alles auf Einmal geschehen. Erst
dann, wenn die Grundidee der Neuzeit das Leben ganz durch=
drungen hat, wird auch die Freiheit eine wahre, vollständige wer=
den. Auch kann und soll Alles nur an seinem Orte geschehen. —
Unsere deutschen Gauen scheinen zum Schauplatz der zukünftigen
Revolution so wenig, als zu jenem der jüngsten berufen zu sein.
Aber die Früchte beider Revolutionen werden Deutschland zu gut
kommen; es wird die Resultate der englischen Revolution, wie
jene der französischen, auf friedlichem Wege sich aneignen. Es
muß jedoch ein Recht auf diese Schätze besitzen, es kann nicht
ernten, ohne gesäet zu haben. Deutschland hat ein solches Recht,
es hat gesäet, wo es erntet! — Deutschland hat das Fundament
zum Baue der Zukunft gelegt, und steht noch immer da als Bau=
meister, um je nach den Bedürfnissen der Zeit die Grundlagen
derselben mehr und mehr auszudehnen. Unsere Zeit bedarf dieser
steten Ausdehnung ihrer Basis; denn sie ist nicht mehr einseitig
wie das Alterthum und Mittelalter. Jenes hatte bloß eine recht=
liche, dieses nur eine religiöse, die Neuzeit aber hat, wie wir wis=
sen, eine ethische Grundlage, welche Religion und Gesetz, Wurzel
und Frucht umfasset. Zur Wurzel unserer Zeit verhält sich Deutsch=
land, wie zu seinem eigensten Elemente, die geistige Wiederge=
burt mußte es in sich selbst durchkämpfen. Nachdem aber in
Deutschland einmal der erste Grundzwiespalt der Neuzeit, der Ge=
gensatz von Staat und Kirche, durchgekämpft war, konnten hier
die anderen Gegensätze, die Folgen jenes ersten, nicht mehr so

schroff hervortreten. Der Gegensatz, wodurch die französische Revolution hervorgerufen wurde, der Zwiespalt von Spiritualismus und Materialismus, hatte in Deutschland niemals die Revolutionshöhe erreicht. Die Philosophie der That hat ihn vollends auszugleichen, — so kann sich Deutschland die Resultate der französischen Revolution auf friedlichem Wege aneignen. — Ein Aehnliches werden wir in der zukünftigen Revolution erleben. — Wir sagen nicht, daß der Gegensatz von Pauperismus und Geldaristokratie und jener von Spiritualismus und Materialismus in Deutschland gar nicht da, oder dagewesen sei; aber wir sagen, daß er nicht so schroff sei oder werde, um einen revolutionären Ausbruch herbeizuführen. Der Gegensatz von Pauperismus und Geldaristokratie wird nur in England die Revolutionshöhe erreichen, wie jener von spiritualistischer und materialistischer Sitte ihn nur in Frankreich, und jener von Staat und Kirche ihn nur in Deutschland erreichen konnte. Allein wir dürfen, um die Früchte der englischen oder französischen Revolution zu ernten, nicht indifferent zusehen, wie sich unsere Nachbarn in blinder Wuth zerfleischen; wir dürfen das Licht, womit uns die Vorsehung begnadigt hat, nicht untern Scheffel halten, — sonst möchte sich unser Egoismus gar bald an uns selbst rächen! Es ist, wie gesagt, noch immer unser Beruf, an der Grundlage der Neuzeit, an der Geistesfreiheit weiter zu bauen. Die Idee der einigen, freien Menschheit, die Idee der Humanität müssen wir immer weiter, immer concreter ausbilden.

Die deutsche Nation darf sich nicht einem selbstgenügsamen, eiteln Nationalstolze hingeben. Eben weil sie die erste im Kampfe der Neuzeit war, ist es ihrer würdig, daß sie das eigenthümliche Leben der andern Nationen, die ihr nur folgen, anerkenne. Jene, die sich übermäßig mit ihrem Patriotismus aufblä-

hen, sind keine ächten Deutschen. Der Deutsche soll mehr eine
universale Tendenz haben, denn sein Eigenthümlichstes, der Geist,
ist universeller Natur. — Man klagte Frankreich wegen seines
Sittenzerwürfnisses, man klagt England wegen seiner politisch=
socialen Dissonanz an. Eben so hätte man Deutschland wegen
seiner Religionszwistigkeiten anklagen können. Diese Beschuldi=
gungen zeigen von jenem Pedantismus, der mit angelernter Weis=
heit über das Leben, das er niemals selbst empfunden hat, abur=
theilen will. Wer keine Leidenschaftlichkeit hat, hat auch keine
Liebe! Der Phlegmatiker hat kein Urtheil über den Warmblütigen,
der Materialist keines über den Begeisterten. — Deutschland darf
seinen eignen Maßstab nicht an Frankreich und England legen;
dies wäre eben so falsch, als wenn Engländer oder Franzosen
die Deutschen nach sich beurtheilen wollten. Wir vor allen An=
deren müssen es erkennen und anerkennen, daß Deutsche, Franzo=
sen und Engländer drei incommensurable Größen seien, — wenn
es je zum Verständniß, zum gegenseitigen Durchbringen und freund=
schaftlichen Zusammenwirken dieser drei Nationen kommen soll.

Bereits im ersten Capitel war von der höhern Politik, im
vorigen namentlich von Rußland und England als Factoren der
Zukunft die Rede, und es wurde am Schlusse desselben die Tri=
archie hervorgehoben, an deren Spitze England, im Gegensatze
zu jener Pentarchie, an deren Spitze Rußland stehen soll. Die=
ser in Bezug auf unsere Zukunft hochwichtige Gegenstand kann
hier, nachdem das Wesen der europäischen Triarchie und die
Nothwendigkeit eines freundschaftlichen Zusammenwirkens der drei
großen Nationen zum Behufe der europäischen Wiedergeburt dar=
gethan ist, näher beleuchtet werden. — Es ist vor Allem darauf
hinzuweisen, daß in Deutschland als dem Mittelpunkte Europas
zwei divergirende Typen, der Osten und Westen, dieselben Typen,
die wir im vorigen Buche als von Deutschland und Frankreich
repräsentirt kennen lernten, bald zusammenstoßen werden. Denn

der Gegensatz von Ost und West hat als Gegensatz von Deutsch=
land und Frankreich bald seine höchste Intensität erreicht, und in=
dem er von da an seiner Ausgleichung entgegen geht, wird er
extensiver werden. Wir meinen dieses: Die aus Deutschland und
Frankreich hervorgegangene höhere Einheit, England, wird die=
selbe Stellung zu Rußland erhalten, welche bis jetzt Frankreich
und das römisch=germanische Europa überhaupt zu Deutschland
gehabt. Wie im Mittelalter Deutschland, so ist in Zukunft Eng=
land berufen, das römisch=germanische Europa nach Außen zu
vertreten. Ist aber hiernach schon keine Frage mehr, ob Deutsch=
lands Zukunft dem Osten oder dem Westen, Rußland oder Eng=
land angehört, — so kann vollends, wenn hier Geschichte, Cultur,
Sitten=, Sprachen= und Stammverwandtschaft als Gewichte in
die Wagschale des urtheilenden Geistes gelegt werden, die Frage,
wohin sich nnsere Wage wohl neigen dürfte, ob zu Rußland,
oder zu England, keinen Augenblick zweifelhaft bleiben. — Alles
dieses scheint aber Rußland wenig zu beachten; ihm kommt es
freilich nur auf sein eigenes Interesse an; — allein wird diese Ein=
seitigkeit, sofern sie sich als blinder Egoismus über ihre eigne
Stellung täuscht, nicht sich selber schaden? — Wir gehören nicht
zu denen, die Rußland aus der europäischen Weltcharte streichen
möchten; Rußland allein dürfte vielleicht dazu berufen und befä=
higt sein, die stolze Jungfrau Europa ihrer alten Mutter Asien
wieder zuzuführen. Jedenfalls aber ist Rußlands Stellung zu
Europa eine passive, — nur zu Asien dürfte sie eine active sein, —
und Rußland würde bald eines Bessern belehrt werden, wenn es
bei uns eine andere Rolle spielen wollte!

Das römisch=germanische Europa hat Eine Geschichte, Eine
Cultur, Eine Sitten=, Sprachen= und Stammverwandtschaft. Wohl
ist es, wie jedes höhere Leben, kein todtes Einerlei geblieben, son=
dern gegliedert auseinander gegangen, deutsch, fränkisch, englisch,
protestantisch, katholisch, hochkirchlich geworden; um Frankreich reihen

sich die romanischen Länder und das Mittelmeer; England hat das
Weltmeer; an Deutschland schließen sich nördlich Skandinavien, süd-
lich und östlich die österreichischen Staaten. Aber diese ganze große
und verschiedenartige Völker- und Ländermasse bildet doch nur Einen
Organismus, von dem nicht das geringste Glied verletzt werden darf,
ohne vom Ganzen schmerzlich empfunden zu werden. Jede innere,
religiöse oder politische Divergenz würde in den Hintergrund treten,
wo es gälte, die Integrität unsers Gebietes und die weitere freie
Entwicklung unserer mit so vielen Schmerzen errungenen Cultur
gegen einen uns durch und durch fremden Eindringling zu sichern. —
Alle wären wir z. B. katholisch, wenn eine unserem Organismus
fremde Macht sich erkühnen wollte, die katholische Kirche anzugrei-
fen. Denn auch dem Protestanten steht die katholische Kirche
noch nahe genug, daß er unter Umständen sich selbst in ihr verletzt fühlen könnte. Die katholische Kirche von der griechischen
bedroht, wäre noch immer unsere gemeinsame Mutter, die uns an
ihren Brüsten genährt, groß gezogen und zu dieser ehrenvollen
Stellung herangebildet hat, welche wir jetzt in der Weltgeschichte
einnehmen. — Hat denn die griechische Kirche etwas Aehnliches
aufzuweisen, wie das römisch-germanische Europa? — Eben so
würden wir Alle englisch sein, wenn wir uns entweder für Rußland oder für England entscheiden müßten. —

Rußland oder England? Wir werden uns bald für eine
dieser beiden Mächte, die zwar in dem Augenblick, da wir dieses
niederschreiben, alliirt (!) sind, entscheiden müssen. Diese Allianz
zwischen Rußland und England wird mit keinem gewöhnlichen
Bruche endigen .... und dann dürfen wir doch wohl hoffen,
daß im römisch-germanischen Europa dem halbasiatischen Weltreiche gegenüber jede innere Dissonanz, jeder materielle und Prin-
cipienstreit endlich in den Hintergrund treten werde! Die geistige
und politische Atmosphäre der europäischen Gesellschaft ist mit
schweren Gewitterwolken angefüllt, und leicht könnte es Rußland

einfallen, in einer zukünftigen Revolution wieder dieselbe Rolle, wie in der jüngsten spielen zu wollen. Aber gegen England (dieses Land der zukünftigen Revolution) würde Rußland eine ganz andere Stellung einnehmen, als es gegen Frankreich eingenommen. Hier war unsere deutsche Selbständigkeit von Frankreich, dort wäre unsere europäische von Rußland bedroht. Hier hatte Rußland sich bloß an das von Frankreich bedrohte Deutschland angeschlossen; dort würde es in den Vordergrund treten und dahin streben, auf den Trümmern des römisch-germanischen Europas ein slavisch-europäisches Weltreich zu gründen. Hier hatten wir Deutschen zwischen dem Weltstürmer Napoleon und dem friedliebenden Alexander zu wählen; dort würden wir Europäer zwischen selbständiger Wiedergeburt und russischer Abhängigkeit zu wählen haben. Indem wir uns beim Ausbruche eines Zerwürfnisses zwischen Rußland und England zu Rußland schlügen, würde das römisch-germanische Europa getrennt und der slavischen Suprematie Thür und Thor geöffnet werden. Wohl wissen wir, daß es bei uns nicht an Leuten fehlt, die aus kleinlichen, oder unehrlichen Motiven diese letztere einer englischen vorzuziehen rathen; sollen wir aber uns selbst untreu und ein Werkzeug russischer Politik aus uns machen lassen, soll Europa die Fremdherrschaft der Selbständigkeit vorziehen? — Das ist hier die einfache Frage; denn es handelt sich hier nicht mehr bloß um deutsche, sondern um europäische Selbständigkeit. —

England, Preußen, Oesterreich und Rußland haben sich in neuester Zeit alliirt. Dieser Bund, aus dem Frankreich ausgeschlossen blieb, versetzt uns scheinbar wieder in die Zeiten der „heiligen" Allianz; aber es ist in der That eine in jedem Sinne unheilige Allianz, die ihre kurze Endlichkeit schon in ihrem Keime trägt. — In „orientalischen Fragen" mag Rußland stimmbefähigt sein, die Vermittlung des Orients und Occidents ist zunächst seine Aufgabe, und in so fern ist nichts dagegen einzuwenden

daß hier Europa mit Rußland im Bunde; „aber die orientali=
sche kann und darf von der europäischen Frage niemals getrennt
werden. — In europäischen Fragen aber, in Fragen der Frei=
heit, der Civilisation, der Fortbildung und Entfaltung der ge=
schichtlichen Errungenschaft, sitzt Frankreich mit im Rathe der Na=
tionen; denn es hat sich ein Ehrenzeichen errungen im großen
Weltkampfe, und wie aus Deutschlands tiefsinnigem Geiste und
dreißigjährigem Bruderkampfe die Geistesfreiheit, so ist in Frank=
reich aus gewaltiger Gährung und Anstrengung die Freiheit der
That erstanden. — England wird das Schlußglied, die Krone
der modernen Menschheit, die Freiheit der Gesetze — wir wün=
schen und hoffen, mit minder großen Opfern — sich und der
Welt schenken.

Drei große Nationen stehen vereint auf dem Felde der neuen
Geschichte; ihr Bund prangt noch nicht in den Paragraphen
eines geschriebenen Vertrages; aber seine innersten Keime und die
Garantieen seines Bestandes liegen im gegenwärtigen Weltgeiste.

Anhang.

Die ruſſiſche Politik.

Es iſt ſeit einiger Zeit viel von einem franzöſiſch-ruſſiſchen Bündniß die Rede. Eine ſolche Allianz dürfte, vor der Hand wenigſtens, nicht zu befürchten ſein. Das petersburger Cabinet, wie ſehr es ſich auch bezüglich der Vortheile, die ihm das engliſche Bündniß im Orient bringen ſollte, getäuſcht haben mag, hat doch zu viel politiſchen Takt, als daß es ſo ohne Weiteres von der engliſchen Allianz zu einer franzöſiſchen übergehen könnte. Durch einen ſo raſchen und unvermittelten Uebergang würde ſich Rußland nicht nur ſeine früheren Bundesgenoſſen zu unverſöhnlichen Feinden machen, ſondern auch eine Politik zur Schau ſtellen, die nur verſchleiert in Europa auftreten darf. Es unterliegt indeſſen keinem Zweifel mehr, daß ruſſiſcher Seits (wenn auch noch nicht officiell) der franzöſiſchen Nation Winke gegeben wurden, auf welche hin dieſe nun zwiſchen ihren „Principien und Intereſſen" ſchwankt. Eine Beleuchtung jener allerdings noch lange nicht ins Werk geſetzten franzöſiſch-ruſſiſchen Allianz möchte deshalb gerade jetzt, wo eben noch geſchwankt wird, nicht unzweckmäßig ſein.

12*

Zur Zeit Napoleon's drohte bekanntlich unserem Welttheile, wie jetzt, ein Bündniß Rußlands mit Frankreich, eine sogenannte „Interessen=Allianz." Damals schwankte Rußland, wie jetzt Frankreich, zwischen seinen Principien und Interessen; denn damals war Frankreich eben so unzweifelhaft der mächtigere Theil, wie es jetzt der schwächere gegen Rußland ist, — und der Gedanke liegt gar zu nahe, daß der Mächtigere den Schwä= chern nur zum Werkzeuge seiner Pläne gebrauchen und nach erreichtem Ziele wieder wegwerfen werde. — Wir dürfen's hier schon gleich heraussagen, ohne Scheu, mißverstanden zu werden und den Verdacht zu erregen, als sei dies eine bloße Eingebung der Furcht vor einem französisch=russischen Bünd= nisse —: der Unterschied, den man jetzt zwischen einer Interessen= und Grundsatz=Allianz machen möchte, ist ein durch und durch unwahrer, unphilosophischer, unpolitischer, darauf berechnet, keineswegs ächte, dauerhafte, sondern falsche, ephemere Bünd= nisse zu stiften, welche den Ruin eines der Bundesgenossen zu ihrem Ziel und Ende haben. — Das Princip, worauf ein Staat fußt, die geistige Basis desselben, ist unstreitig eben so sehr, wenn nicht mehr noch Grundbedingung seiner Macht, als sein sogenanntes Interesse, als seine materielle Basis; und wenn eine Allianz zwischen Staaten, deren „Interessen" collidiren, wie z. B. die englisch=russische, eine unnatürliche, so ist eine Allianz zwischen Staaten, deren Grundsätze sich entgegenstehen, wie z. B. eine französisch=russische, minde= stens eine eben so unnatürliche und trügerische, die früher oder später zum Nachtheil eines der Verbündeten gereichen, und in ihr Gegentheil, in den erbittertsten Kampf umschlagen muß. — Es ist kein bloß abstractes, unreales Treiben, daß Rußland seit dem Sturze Napoleon's seine Grundsätze, und Frankreich seit **1830** die seinigen zu propagiren bemüht ist; denn es erscheint im „Interesse" eines Staates, eben so sehr die Gegner seiner moralischen, wie die seiner materiellen Grundlagen zu bekämpfen.

Ob Rußland Alles dieses schon damals erkannte, als es den Schlingen der Napoleon'schen Politik auswich, oder ob andere Gründe es bestimmten, mit Napoleon zu brechen, das haben wir hier nicht zu untersuchen. Genug, nach einigem Schwanken wies Rußland die französische Allianz von sich, und der französisch-russische Krieg brach aus. — Als in Folge dieses welthistorischen Kampfes Napoleon gestürzt wurde, übernahm Rußland die Stelle Frankreichs. Zunächst wurden die Principien vorgeschoben, — und wie Frankreich ehedem mit seinen republikanischen Grundsätzen bei den Völkern, so schmeichelte sich Rußland nun mit seinen monarchischen Principien bei den Fürsten ein. Die „heilige Allianz" wurde gestiftet, und das Cabinet von St. Petersburg war auf dem besten Wege, Europa „grundsätzlich" zu russificiren. — Da brach die Julirevolution aus. — Als in Folge dieser die französisch-englische der russischen „Grundsatz-Allianz" entgegentrat, als alle Aussicht verschwand, auf dem alten, bequemen Wege der „heiligen Allianz" das Ziel zu erreichen: schlug Rußland andere Saiten an. Es machte den Versuch, mit Deutschlands kleineren, constitutionellen Staaten eine sogenannte „Interessen-Allianz" zu knüpfen. Aber das constitutionelle Deutschland schwankte nicht zwischen seinen Principien und Interessen, — wie die „europäische Pentarchie" von der öffentlichen Meinung in Deutschland aufgenommen wurde, ist bekannt, — Rußland mußte Deutschland aufgeben. — Jetzt blieb ihm nur noch das Eine übrig, die französisch-englische Allianz zu sprengen. Die orientalische Affaire war eines der grandiosen Mittel, das Rußland zu jenem Zwecke benützte. — Talleyrand war todt, Rußland triumphirte. — Man kann diesen Triumph Rußlands den Umständen zuschreiben; jedenfalls aber bleibt es

ein Meisterwerk ruffischer Politik, die Umstände so gut benutzt
zu haben, — wie sich anderseits die westeuropäische Diplo=
matie hier ganz in ihrer kurzsichtigen Klugheit, in ihrer pracht=
voll übertünchten Thorheit, in ihrem glänzenden Elend zeigte!
— Es ist wahr, die englische Allianz hat Rußland keine
unmittelbaren Vortheile im Orient gebracht, und wenn in
Petersburg auf Ibrahim's Vorrücken nach Constantinopel ge=
rechnet wurde, so hat man sich in dieser Beziehung aller=
dings verrechnet. Aber Rußland hat sein Spiel nicht auf
diese Eine Karte gesetzt. Wir werden es sogleich sehen, daß
Rußland, indem es die Allianz mit England einging, nicht
auf ein dauerhaftes Bündniß mit dieser Macht, sondern darauf
gerechnet hat, daß es von nun an, nach der Auseinander=
sprengung der französisch=englischen Allianz, den Umständen
und seinen Zwecken gemäß, sich einer Macht gegen die andere
bedienen könne. Zur selben Zeit, als Rußland sich Eng=
land näherte, gab es Herrn Mauguin die ersten
Winke von seinen Sympathien für Frankreich . . . . .
Gegen das verbundene England und Frankreich hätte Ruß=
land Nichts in Europa vermocht. Dagegen vermag England
ohne Frankreich, wie Frankreich ohne England, gegen Ruß=
land im Oriente Nichts. — Erst bedient Rußland sich Eng=
lands gegen Frankreich, und dann, wann es sein Vortheil
erheischt, droht es den Engländern mit einer französischen Alli=
anz. England wird am Ende, freiwillig oder gezwungen,
auf die Vortheile, die es im Augenblick durch sein russisches
Bündniß im Orient errungen zu haben glaubte, verzichten,
sich dem Willen Rußlands unterwerfen, oder zusetzen müssen,
wie Rußland sich mit Frankreich alliirt. Aber nicht England
allein, auch Deutschland, das in die Falle ging, wird durch
ein französisch=russisches Bündniß bedroht. — Nun aber dürfte
Frankreich sich gar sehr irren, wenn es seinerseits durch ein

Bündniß mit Rußland Vortheile zu erringen hoffte. Zwar werden hier die materiellen Interessen vor der Hand nicht collidiren, und wenn sonst kein Grund des Zwiespaltes vorhanden wäre, könnte wohl, bis es hier zu einer Collision der „Interessen" käme, noch eine geraume Zeit hingehen. Aber wohl ist schon jetzt ein Grund vorhanden, der eine aufrichtige Allianz zwischen Frankreich und Rußland unmöglich macht; wohl gibt es einen Punkt, in welchem diese beiden Mächte sich nicht begegnen können, ohne daß die grellste Dissonanz entstünde; und dieser Punkt, wir meinen das Princip, ist wahrlich nicht so willkürlich von dem „Interesse" zu trennen und abseit zu schieben, wie der Ehrgeiz es den heutigen Koryphäen Frankreichs vorzuspiegeln scheint. Die Politik ist in Europa keine Cabinets- oder Dynastenpolitik mehr; bei dieser mochte wohl im Aeußern Freundschaft zur Schau getragen werden, trotz dem daß der Geist, das Herz Feindschaft nährte. Aber Nationen können nur auf ihre eigenen Kosten Komödie spielen. Dies hat das constitutionelle Deutschland gefühlt, und deshalb eine sogenannte „Interessen-Allianz" mit Rußland ohne Bedenken von sich abgewiesen. Es steht zu erwarten, daß die französische Nation eben so viel politischen Takt, als die deutsche haben werde. — Allerdings muß Frankreich streben, aus seiner isolirten Stellung herauszukommen, aber nicht auf Kosten seiner moralischen National-Grundlagen, nicht auf Kosten seiner Würde.

In der deutschen und englischen Nation hat es seine Freunde zu suchen. — Möglich, daß Deutschland und Frankreich die gegenseitige Achtung, auf welcher allein ächte Freundschaft beruhen kann, sich erst auf den Schlachtfeldern am Rhein abtrotzen müssen, — gewiß aber ist, daß einst das schönste Verhältniß zwischen Deutschland und Frankreich, ein Bündniß, welches Jahrhunderte überdauert, zu Stande kommt, während dessen der zukünftige

Weltkampf zwischen England und Rußland, ohne die europäische Civilisation zu gefährden, vorüberziehen wird. — Mag inzwischen Frankreich sich mit Rußland verbinden; es wird bei der gegenwärtigen Weltlage sehr bald, wenn auch aus einer andern Ursache, als England, in die nämliche Lage, wie dieses, den Russen gegenüber sich versetzt sehen; es wird den Russen Concessionen machen müssen, die es erniedrigen; es wird sich, wie England, dem Willen einer Macht unterwerfen müssen, die ihm jeden Augenblick mit Abfall droht .... Denn nichts wird Rußland verhindern, im günstigen Moment wieder eine „Grundsatz=Allianz" mit Deutschland einzugehen, und auf diese Weise uns Europäer, wenn wir entzweit würden, fort und fort, geistig und materiell, so lange zu russificiren, bis wir sammt und sonders, demoralisirt und ohnmächtig, dem Slaven=Imperator in die Arme sinken.

Wahrlich, es gehört wenig Scharfblick dazu, die russische Politik zu durchschauen. Seit dem Sturze Napoleon's droht Europa nur von dieser Einen Seite Gefahr. Deutschland, Frankreich und England sind, als Nationen, nunmehr geistig, wie natürlich verwandt; sie bilden, seitdem ihr Selbstbewußtsein erwacht ist, nur Eine große Völkerfamilie, deren niedere, wie höhere Interessen so innig verwachsen sind, daß Wohl und Wehe auf der einen Seite ein gleiches Schicksal auf der andern nothwendig nach sich zieht. Man müßte bei dem unter den europäischen Hauptvölkern jetzt herrschenden geistigen und materiellen Wechselverkehr mit Blindheit geschlagen sein, um diese Wahrheit einen Augenblick bezweifeln zu können. Wenn bis jetzt die sociale Einheit noch keine politische nach sich gezogen hat, so sind nicht die europäischen Nationen, sondern ihre politischen Koryphäen, deren Aufgeklärteste noch zu sehr an den Traditionen der alten Schule hängen, deshalb anzuklagen. Es geht in der Politik, wie in der Theologie; das gebildete Volks-

bewußtsein ist der Einsicht derer, die sich ex officio damit be=
schäftigen, vorausgeeilt, weil diese Leute ihre Weisheit großen=
theils aus einer Vergangenheit schöpfen, die heuer mit der
Gegenwart zerfallen, daher dieser gegenüber todt ist, — während
jenes Bewußtsein seine Bildung mehr aus der lebendigen Ge=
genwart schöpft. Aber die Zeit ist nahe, wo dieses unnatür=
liche Verhältniß aufhören, wo die Politik, wie die Theologie,
nicht mehr hinter dem Leben zurück und ihm feindlich gegen=
über stehen wird. Rußland hat keine Zeit zu verlieren, wenn
es seine Zwecke in Europa erreichen will. Schon gibt es au=
ßer den Cabineten, außer den Männern von Fach und außer
Allen denen, an die Rußland hinanreichen kann, auch noch
Andere, die nicht à sa portée stehen, Unabhängige, welche die
Dinge objectiv zu betrachten in Stand gesetzt sind. — Wir
gehören eben so wenig zu Jenen, die einen blinden Haß gegen
Rußland haben, als zu Jenen, die seine Pläne fördern. Wir
haben nichts dagegen, daß Europa sich mit Rußland in den
orientalischen Angelegenheiten alliire, — aber nicht diese oder jene
europäische Macht darf separat, sondern die drei großen euro=
päischen Nationen müssen vereint mit Rußland unterhandeln,
soll Asien unter europäischen, und nicht umgekehrt Europa unter
asiatischen Einfluß gebracht werden.

Lightning Source UK Ltd.
Milton Keynes UK
UKHW020920150822
407319UK00007B/1421

9 780274 825240